OEUVRES
DE Mme. LA BARONNE ISABELLE
DE MONTOLIEU.

# RAISON

ET

# SENSIBILITÉ,

OU

## LES DEUX MANIÈRES D'AIMER.

*Traduit librement de l'Anglais,*

PAR Mme. LA BARONNE

## ISABELLE DE MONTOLIEU.

ORNÉ DE FIGURES.

## TOME SECOND.

PARIS,
ARTHUS BERTRAND, LIBRAIRE,
ÉDITEUR DU VOYAGE AUTOUR DU MONDE PAR LE CAP. DUPERREY,
Rue Hautefeuille, n°. 23.

1828.

# OEUVRES

DE M^me. LA BARONNE ISABELLE

# DE MONTOLIEU.

## TOME XL.

Raison et Sensibilité.

Bon Dieu! il est là, il est là, oh s'il pouvait me voir!

# RAISON

ET

# SENSIBILITÉ,

OU

## LES DEUX MANIERES D'AIMER.

*Traduit librement de l'anglais,*

PAR M<sup>me</sup>. LA BARONNE

## ISABELLE DE MONTOLIEU.

ORNÉ DE FIGURES.

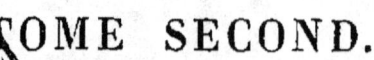

TOME SECOND.

## PARIS,
ARTHUS BERTRAND, LIBRAIRE,

ÉDITEUR DU VOYAGE AUTOUR DU MONDE PAR LE CAP. DUPERREY,

Rue Hautefeuille, n°. 23.

1828.

# RAISON
ET
# SENSIBILITÉ.

## CHAPITRE XXIV.

Elinor rassembla toutes ses forces et commença ainsi : Je ne mériterais pas la confiance dont vous m'avez honorée, mademoiselle, si je n'avais aucun désir de la conserver, et si je ne m'intéressais à vous. Je ne vous fais donc nulle excuse de reprendre l'entretien de l'autre jour.

— Je vous remercie, dit vivement Lucy, de m'en parler la première ; vous me mettez tout-à-fait à mon aise. Je craignais de vous avoir offensée, et je n'osais plus entamer un sujet qui ne peut avoir beaucoup d'intérêt pour vous.

— M'offenser ! dit Elinor, comment pouvez-vous le supposer ?

— Je vous assure, reprit Lucy (ses petits

yeux plus perçans que jamais fixés sur Elinor), qu'il m'a semblé que vous aviez reçu cette confidence avec une froideur et un déplaisir qui me firent un vrai chagrin. Vous aviez l'air d'être fâchée contre moi, et je m'étais vivement reproché de vous avoir ennuyée de mes affaires; mais je suis enchantée de savoir que cette crainte était imaginaire et que je n'ai pas encouru votre blâme. Si vous saviez quelle consolation j'éprouve à vous ouvrir mon cœur, à pouvoir vous parler de ce qui m'occupe sans cesse! Je connais assez votre bonté pour être sûre de votre indulgence.

— Je comprends très-bien, dit Élinor, le plaisir qu'on trouve à parler de ce qu'on aime, et soyez assurée que vous n'aurez jamais sujet de vous en repentir. Votre situation est malheureuse; vous semblez entourée de difficultés, et vous avez besoin de votre mutuelle affection pour la supporter. M. Ferrars, à ce que je crois, dépend entièrement de sa mère.

— Il a seulement deux mille pièces à lui. Ce serait une folie de se marier avec cela; pourtant je me résignerais à renoncer à la fortune de sa mère. Je suis accoutumée à vivre sur un mince revenu, et je supporterais même la pauvreté avec lui; mais je l'aime trop pour vouloir le priver de tout ce que sa mère fera pour lui, si l'on peut lui faire approuver notre mariage. Il nous faut donc attendre, et peut-être plusieurs années. Avec tout autre homme qu'Edward ce délai serait inquiétant, mais je me repose entièrement sur son amour, sur sa constance.

— Cette conviction est tout pour vous, et sans doute M. Ferrars compte également sur vous? Si la constance de l'un des deux se démentait, comme cela arrive souvent, l'autre serait bien à plaindre!

Lucy la regarda encore de manière à la déconcerter, si Elinor n'avait pas rassemblé d'avance toutes ses forces pour que sa contenance ne pût donner aucun soupçon. — L'amour d'Edward, dit Lucy, a été mis à de grandes épreuves par de bien longues absences depuis notre engagement, et il les a si bien soutenues, que je serais impardonnable d'en douter un instant; je puis affirmer qu'il ne m'a jamais donné une minute d'alarme ou d'inquiétude, et je ne redoute rien pour l'avenir.

Elinor sourit et soupira à cette assertion, Lucy n'eut pas l'air de s'en apercevoir et continua. Je suis jalouse par caractère, dit-elle, et notre situation est bien différente; Edward vit dans le grand monde et moi si retirée, notre continuelle séparation aurait pu facilement réveiller ma jalousie. La plus légère altération dans sa conduite avec moi, une tristesse dont je n'aurais pu deviner la cause, ou s'il eût parlé d'une femme avec plus d'intérêt que de toutes les autres, si je l'avais vu moins heureux à Longstaple que par le passé, tout cela m'aurait d'abord mise sur le chemin de la vérité ; je suis sûre, très-sûre qu'il lui serait impossible de me tromper.

Elinor garda encore quelques instans le silence ; elle se rappelait confusément toutes les preuves d'affection tendre et sincère qu'elle avait remarquées chez Edward; enfin elle se surmonta autant qu'il lui fut possible.—Quels sont donc vos projets ? lui dit-elle, n'en avez-vous point d'autre que celui d'attendre la mort de madame Ferrars ? Ce serait une extrémité bien triste et bien cruelle ! Ou son fils est-il décidé à se soumettre à l'ennui de plusieurs années d'attente, et à vous envelopper dans le malheur et dans les désagrémens qui en seront la suite inévitable, plutôt que de courir le risque de déplaire à sa mère en lui avouant la vérité ? Peut-être aussi, comme vous me l'avez fait pressentir, que son courroux cédera au temps, à l'amour maternel, aux bons procédés, à la tendresse de sa belle-fille.

— Oh ! cela est douteux, à vous parler franchement ; madame Ferrars est orgueilleuse, intéressée, opiniâtre, et dans le premier moment de sa colère, il est à craindre qu'elle ne donne tout à son fils Robert, qui est son favori. Cette seule idée m'effraie pour Edward, au point de ne pouvoir me déterminer à prendre un parti décisif.

— Mais je trouve que, dans cette occasion, Lucy, vous vous oubliez trop vous-même ; votre désintéressement passe les bornes de la raison.

— Lucy chercha encore à lire avec son regard pénétrant jusqu'au fond de l'âme d'Élinor, et il y eut un grand moment de silence.

— Connaissez-vous M. Robert Ferrars ? demanda Élinor.

— Non ; je ne l'ai jamais vu, mais je le crois bien différent de son frère. Avec une plus belle figure, qu'il ne songe qu'à parer, c'est un petit maître, un élégant dans toute la force du terme.

— Ici Maria finit une des parties de son concerto, et Anna Steeles entendit cette dernière phrase : Un petit maître, un élégant ! dit-elle ;

tout en faisant leur panier, ces dames se font leurs confidences; elles parlent de leurs amours.

— Je puis répondre pour Élinor, dit madame Jennings en éclatant de rire, et vous dire que vous vous trompez; son amant, loin d'être un petit maître, est le jeune homme le plus simple, le plus modeste, le plus réservé que j'aie vu de ma vie. Pour Lucy, je ne connais pas le sien; mais à en juger par ses yeux, je crois qu'il lui en faut un plus gentil, plus empressé, plus éveillé, n'est-ce pas?

— Eh bien! madame, vous vous trompez aussi, reprit Anna; je puis assurer que l'amant de Lucy ressemble en tout point à celui de miss Élinor.

Élinor se sentit rougir en dépit d'elle-même. Lucy mordit ses lèvres et jeta sur sa sœur un regard foudroyant. Le jeu recommença, le piano aussi; et les deux rivales, après un peu de silence, recommencèrent leur entretien. Ce fut Lucy qui, rapprochant sa chaise de celle d'Élinor, lui dit à demi-voix :

— Je vais donc, chère miss Dashwood, puisque vous êtes assez bonne pour y prendre quelque intérêt, vous dire le plan que j'ai formé depuis quelque temps; j'espère qu'Edward l'approuvera, et je désire d'autant plus vous en parler, que vous pourrez nous servir. J'ose tout attendre de votre amitié pour lui et de votre bonté pour moi. Voici ce que c'est : Vous connaissez assez Edward pour avoir remarqué que, dans le choix d'une vocation, son goût aurait été pour l'église, et que si sa mère l'avait permis, il aurait préféré cet état à tout autre. Je désirerais donc qu'il se décidât à entrer dans les ordres et à se faire consacrer aussitôt qu'il le pourrait; alors j'ose croire que vous useriez de tout votre pouvoir sur votre frère pour l'engager à donner à Edward le bénéfice de sa terre de Norland, qu'on dit très-considérable. Le plus grand obstacle à notre mariage serait levé, et nous aurions un revenu suffisant.

— Je serais heureuse, dit Elinor, de pouvoir donner à M. Ferrars des preuves de mon estime et de mon amitié; mais je ne vois pas en vérité que vous ayez besoin de moi dans cette occasion, je vous serais tout-à-fait inutile. M. Ferrars est le frère de madame John Dashwood, sa recommandation vaudra mieux que la mienne auprès de son mari.

—Mais madame John n'approuverait pas plus que sa mère que son frère entrât dans les ordres et m'épousât.

— Alors je soupçonne que ma recommandation aurait peu de poids.

Il y eut un assez long silence, Lucy le rompit par un profond soupir. Je crois, dit-elle, oui, je crois que ce qu'il y aurait de plus sage serait de finir cette affaire en rompant d'un mutuel accord notre engagement. Nous sommes entourés de tant de difficultés, que quoique cette rupture nous rendît bien malheureux, nous serions peut-être moins à plaindre tous les deux par la suite... Qu'en pensez-vous, miss Dashwood, voulez-vous me donner votre avis?

— Non, répondit Elinor avec un sourire qui cachait l'agitation de son cœur, non : sur un tel sujet cela ne m'est pas possible; vous savez très-bien que mon opinion n'aurait aucun poids, à moins qu'elle ne fût conforme à vos désirs.

— En vérité vous me faites tort, dit Lucy d'un ton de dignité; je ne connais personne dont j'estime autant le suffrage et dont le jugement me paraisse aussi sûr que le vôtre. Je crois de bonne foi que si vous me disiez : je vous conseille de rompre tout engagement avec Edward Ferrars, je me déciderais....

Elinor était si convaincue du contraire,

qu'elle rougit de la fausseté de la future femme d'Edward. « Ce compliment, dit-elle, augmenterait ma répugnance à vous dire mon opinion, si j'en avais une. Vous élevez beaucoup trop mon influence. Le pouvoir de désunir deux amans si tendrement attachés l'un à l'autre est beaucoup trop grand pour une personne indifférente. »

— C'est parce que vous êtes absolument étrangère à cette affaire, dit Lucy d'un ton un peu piqué, que votre opinion aurait sur moi beaucoup d'influence ; si on pouvait supposer que vous eussiez en cela le moindre intérêt personnel, elle n'aurait plus aucun poids.

Elinor crut plus sage de ne rien répondre ; elle se trouvait entraînée par cet entretien dans une espèce de réserve qui lui semblait toucher à la dissimulation avec une personne qui n'en avait point pour elle. D'ailleurs elle n'en avait que trop appris, et se promit bien de ne plus renouveler cette pénible et inutile confidence : elle parla de leur ouvrage, de quelques autres sujets indifférens, et Lucy lui demanda du ton de la plus tendre amitié, si elles comptaient passer une partie de l'hiver à Londres.

— Certainement non, dit Elinor.

— J'en suis très-fâchée, reprit Lucy pendant

que ses yeux brillaient de plaisir, j'aurais été si heureuse de vous y rencontrer ! Mais je suis sûre que vous y viendrez ; votre frère et votre belle-sœur vous inviteront sûrement.

Il ne me sera pas possible d'accepter leur invitation.

—Combien c'est malheureux pour moi ! je m'étais réjouie d'avance de vous y revoir. Anna et moi nous comptons y aller à la fin de janvier chez des parens à qui nous avons promis depuis bien des années ; mais moi j'y vais seulement pour voir Edward, qui doit y être en février : sans cet espoir, Londres n'aurait aucun attrait pour moi. Ici l'entretien confidentiel fut interrompu ; Elinor fut appelée à la table de jeu pour la décision d'un coup ; et lady Middleton ayant envie de voir faire le joli panier de sa petite Sélina, pria Elinor de prendre sa place, ce qu'elle accepta avec plaisir. Elle n'avait plus rien à dire à Lucy, de qui elle n'avait pas pris une idée plus avantageuse ; elle s'était au contraire bien convaincue qu'Edward ne pouvait aimer la femme qu'il avait promis d'épouser, et qu'il n'avait aucune chance de bonheur dans son union avec une personne qui serait repoussée de toute sa famille, et qui avait assez peu de délicatesse pour vouloir, malgré cela, forcer un homme à tenir ses engagemens, quand elle paraissait elle-même persuadée qu'il serait malheureux.

De ce moment, elle ne chercha plus les confidences de Lucy; mais cette dernière ne laissait échapper aucune occasion de les continuer, de lui parler de son bonheur quand elle avait reçu une lettre d'Edward. Quand Elinor ne pouvait les éviter, elle les recevait avec une tranquillité et un calme apparens sans faire de réflexions, sans allonger un entretien dangereux pour elle-même et inutile à Lucy, dont elle trouvait chaque jour le caractère moins agréable.

La visite de mesdemoiselles Steeles chez leurs parens de Barton-Park se prolongea bien au-delà du temps qu'on leur avait d'abord demandé. Leur faveur croissait au point qu'on ne pouvait penser à se séparer. Sélina jetait les hauts cris quand Lucy feignait de vouloir la quitter, et sa maman lui demandait alors en grâce de rester : en sorte que, malgré leurs nombreux engagemens à Exeter, elles restèrent au Park plus de deux mois, et y passèrent les fêtes de Noël, que sir Georges rendit aussi brillantes et aussi animées qu'il lui fut possible.

## CHAPITRE XXV.

Madame Jennings s'attachait tous les jours davantage aux habitans de la Chaumière, et sur-tout à Élinor. La parfaite bonté du caractère de cette femme, l'amitié qu'elle leur témoignait si franchement, leur faisaient oublier ses petits défauts, si légers en comparaison de ses excellentes qualités. Madame Dashwood, qui voyait en elle la meilleure, la plus indulgente des mères, lui pardonnait bien volontiers son ton un peu trop trivial et ses manières un peu vulgaires ; Emma s'amusait de sa franche et grosse gaîté ; Élinor, toujours bonne, toujours simple, indulgente par caractère, disposée à la bienveillance et à trouver que les qualités du cœur valent bien celles de l'esprit, aimait beaucoup la bonne Jennings, et ne s'apercevait presque plus de ce qui lui manquait ; mais Maria, la sensible, la délicate Maria ne pouvait s'accoutumer à son langage, à ses manières, et tout en convenant cependant qu'elle avait assez de chaleur dans les sentimens et de complaisance pour ceux des jeunes gens, elle ajoutait toujours : Quel dommage que son esprit et son goût n'y répondent pas ! et fuyait sa société autant qu'il lui était possible.

Aux approches de la fin de l'année, madame Jennings commença à tourner ses pensées vers Londres et à désirer d'y retourner. Après la mort de son mari, qui s'était enrichi dans le commerce, elle quitta la Cité et prit une très-élégante maison près de Portman-Square. Ses filles avaient épousé, l'une un baronnet, l'autre un bon gentilhomme ; elle passait toute la belle saison chez l'une ou chez l'autre, et l'hiver les réunissait à la ville. Cette année, elle avait prolongé son séjour à Barton en faveur du voisinage ; mais lorsque enfin elle se fut décidée à partir, elle demanda un jour aux demoiselles Dashwood de l'accompagner à Londres et d'y demeurer quelque temps avec elle, en les assurant, avec sa cordialité accoutumée, qu'elle ne pouvait plus se passer de leur société. Maria rougit de plaisir à cette invitation, et ses yeux s'animèrent. Élinor n'y fit nulle attention ; et croyant que sa sœur pensait là-dessus comme elle, elle exprima sa reconnaissance à madame Jennings en l'accompagnant d'un refus positif. Le motif qu'elle alléguait était leur résolution décidée de ne point quitter leur mère, et surtout pendant l'hiver.

Madame Jennings parut surprise et répéta son invitation, en les pressant vivement de l'accepter. Vous comprenez bien, jeunes filles, dit-elle, que j'ai déjà demandé l'avis de la maman, il est tout-à-fait conforme au mien. Elle est charmée que vous alliez un peu respirer l'air de Londres : ainsi c'est tout arrangé. Vous ne me gênerez pas du tout ; ma maison est assez grande à présent que j'ai marié Charlotte ; et quant au voyage, j'envoie Betty la première par le coche pour nous recevoir. Nous pouvons très-bien tenir trois dans ma chaise ; une fois en ville, tout ira de soi-même. Si vous me trouvez trop vieille ; si vous vous ennuyez chez moi ou dans ma société, vous pourrez toujours aller avec l'une de mes filles. Vous voyez comme je les ai bien mariées ; si je n'en fais pas autant de vous, ce ne sera pas ma faute, et peut-être avant la fin de l'hiver le serez-vous toutes les deux.

— J'ai un soupçon, dit sir Georges, que si on consulte mademoiselle Maria, elle n'aura aucune objection contre ce projet ; mais sa sœur aînée sera plus difficile à gagner. Ai-je deviné, miss Maria ? Je parie que oui.

— Et vous avez raison, dit-elle avec sa franchise ordinaire ; oui, je l'avoue, je serai parfaitement contente d'aller à Londres cet hiver ; ce serait un si grand bonheur pour moi, qu'à peine puis-je l'exprimer ! C'est vous dire, madame, que votre invitation vous assure pour jamais ma plus tendre reconnaissance.

Élinor entendit très-bien ce que sa sœur voulait dire et ce qui l'attirait si puissamment à Londres. Elle devait y trouver Willoughby ; que fallait-il de plus ? Elinor aimait Maria trop tendrement pour pouvoir se résoudre à l'affliger en mettant trop d'obstacles à ce qu'elle désirait avec ardeur ; et pressée de nouveau par madame Jennings, elle se contenta cette fois de s'en remettre à la décision de leur mère, qui par bonté pour ses filles, disait-elle, avait cédé à l'envie de leur procurer un plaisir, mais qui souffrirait certainement de se séparer d'elles. A peine eut-elle achevé cette phrase, que Maria reprit la parole avec plus de vivacité encore que la première fois en s'écriant : Ah ! mon Dieu, ma sœur, croyez-vous réellement que notre départ lui serait si pénible ? Alors il n'y faut pas songer. Ma bonne, ma tendre mère ! non, non, nous ne devons pas la quitter, si notre absence la chagrine, si elle est moins heureuse, entourée de moins de soins. Ah! non, non, rien au monde ne pourrait me forcer à la laisser : n'est-ce pas, Élinor, il n'en est plus question?

Élinor embrassa tendrement sa sœur, et reconnut là cette chaleur de sentiment qui l'entraînait également d'un côté ou d'un autre suivant l'avis de son cœur; mais elle n'osa se flatter qu'elle persistât long-temps dans cette sage résolution. En effet, lorsqu'elles rentrèrent chez elles, elles trouvèrent leur bonne maman transportée de l'idée de ce voyage et des plaisirs que ses filles auraient à Londres; et sans doute aussi son orgueil maternel était flatté, en pensant combien elles seraient admirées. Maria reprit bien vite alors son envie de partir, dès qu'elle se crut sûre de ne plus chagriner sa mère; et dès que celle-ci vit combien sa fille chérie le désirait, elle devint plus pressante et finit par l'ordonner positivement. Elle ne voulut entendre aucune objection, insista pour le départ, et peignit, avec sa vivacité ordinaire, tous les avantages qui devaient en résulter.

C'est précisément, disait-elle, ce que je souhaitais le plus au monde sans oser le demander à cette bonne madame Jennings; mais les cœurs de mère s'entendent, et le sien a deviné mon désir. Emma a été un peu trop dissipée cet été, son éducation en a souffert. Seule avec elle, je m'en occuperai uniquement, je lui donnerai des leçons. Nous lirons ; nous ferons de la musique ensemble ; et lorsque vous reviendrez, vous serez, j'en suis sûre, surprises de ses progrès. J'ai aussi l'envie de faire faire quelques réparations dans vos chambres pendant votre absence ; et je suis charmée que vous ayez l'occasion de voir et de connaître les manières et les amusemens de la bonne compagnie de Londres, où peut-être votre goût et vos talens se perfectionneront. Vous entendrez de la musique excellente, Maria. Vous verrez des collections de superbes tableaux, Élinor, et, ce qui vaut mieux encore, vous retrouverez là votre frère. Quels que soient ses torts, ou plutôt ceux de sa femme, quand je songe qu'il est le fils de mon cher Henri, je ne puis supporter que vous soyez si entièrement étrangers les uns aux autres. Vous n'avez pas l'air aussi content que je le voudrais, ma chère Elinor ?

— Je l'avoue, maman, dit-elle ; quoique votre extrême bonté pour nous vous fasse lever tous les obstacles à ce voyage, j'en vois encore un cependant qui me paraît presque insurmontable.

Maria fit un mouvement de dépit et baissa la tête d'un air boudeur.

— Eh ! quoi donc ? dit madame Dashwood, qu'est-ce que ma prudente Élinor trouve à redire à ce plan ? Quel formidable obstacle sa raison va-t-elle mettre en avant ? Je vous prie au moins de ne pas dire un mot sur la dépense ; je pourvoirai à tout ce qu'il faudra ; et les filles de M. Henri Dashwood paraîtront dans le monde comme elles doivent y paraître : Allons, parlez, sage Elinor, dit-elle avec son charmant sourire, quelles sont vos objections ?

— Mon objection, ma mère, me coûterait à dire, si ce n'était pas absolument entre nous. J'aime madame Jennings de tout mon cœur ; j'ai la meilleure opinion d'elle et de son caractère ; je sais que nous pouvons compter sur des soins vraiment maternels. Mais son ton, et peut-être ses relations de société ne sont pas ce que vous désirez pour vos filles. Elle ne peut ni nous protéger ni nous donner aucune considération dans le monde ; et mon frère lui-même trouvera mauvais peut-être, ou du moins ma belle-sœur, que nous demeurassions chez elle.

— C'est vrai, répliqua sa mère ; mais vous serez très-peu dans sa société, et vous paraîtrez toujours en public avec lady Middleton. D'ailleurs madame Jennings est riche, tient une bonne maison, est belle-mère d'un baronnet ; il n'en faut pas davantage à Fanny, et même à John, pour la trouver de très-bonne compagnie.

— Si Elinor est effrayée d'aller à Londres avec madame Jennings, dit Maria, elle peut rester ici. Moi, je n'ai point de tels scrupules, et il m'en coûtera peu de me mettre au-dessus de cet inconvénient avec une personne aussi bonne, aussi obligeante.

Elinor ne put s'empêcher de sourire en pensant combien elle avait eu de peine à persuader Maria d'être seulement polie avec cette femme, qu'elle avait déclarée, dès le premier abord, être la personne la plus commune et la plus ennuyeuse qu'elle eût jamais rencontrée. Son indulgence actuelle était une si forte preuve de son envie de rejoindre Willoughby, que, malgré toute la répugnance qu'Elinor avait pour ce voyage, où elle pouvait rencontrer Edward, elle prit la résolution de ne pas abandonner à elle-même une jeune personne aussi passionnée, et de ne pas laisser à la pauvre madame Jennings le soin de veiller sur elle et l'ennui de n'avoir pas même l'agrément de sa société ; car elle était convaincue que Maria passerait seule dans sa chambre tous les momens où elle ne serait pas avec Willoughby, pour penser à lui en liberté. Elle se décida donc à être du voyage, d'autant plus qu'elle se rappela que Lucy lui avait dit qu'Edward ne serait à la ville qu'au mois de février, et qu'elle espérait être alors de retour à la Chaumière.

— Allons, c'est arrangé, dit madame Dashwood ; vous irez toutes deux à Londres, et vous verrez que vous vous y amuserez extrêmement. Elinor d'ailleurs y trouvera un grand avantage, en ayant l'occasion de faire la connaissance de la famille de sa belle-sœur et de voir madame Ferrars.

Elinor rougit ; elle avait eu souvent le désir de prévenir sa mère de l'état des choses, pour que le coup fût moins frappant quand elle apprendrait la vérité ; mais c'était le secret de Lucy, qu'elle ne pouvait trahir. Elle se contenta de dire avec beaucoup de calme : J'aime Edward Ferrars, et je serai toujours charmée de le voir ; mais quant aux autres membres de sa famille, il m'est complétement indifférent de les connaître ou non.

Madame Dashwood sourit et ne dit rien. Maria leva les yeux au ciel avec l'air de l'étonnement et du scandale. La chose étant décidée, madame Jennings reçut dans la journée les remercimens de la mère et la promesse de ses filles, ce qui la mit dans une grande joie ; elle donna toutes les assurances imaginables des soins qu'elle en aurait, ce dont madame Dashwood n'avait aucun doute. Sir Georges aussi fut enchanté, c'étaient deux personnes de plus pour ses dîners, ses bals et ses assemblées. Lady Middleton leur dit en termes choisis et civils qu'elle serait charmée de les retrouver à Londres. Les deux miss Steeles, et sur-tout Lucy, assurèrent que cette nouvelle les rendait tout-à-fait heureuses.

Elinor prit enfin son parti de ce voyage ; quoique très-raisonnable, elle n'était pas insensible au plaisir de voir Londres pour la première fois. D'ailleurs, sa mère en était si contente, et sa sœur si transportée de joie, qu'elle ne put se défendre de partager leur plaisir. Maria n'était plus pensive, plus soupirante, plus mélancolique ; elle reprit toute sa gaîté, tout son enthousiasme, et redevint plus belle, plus brillante qu'elle ne l'avait jamais été. Elle attendait le moment de partir avec une grande impatience, et quand le jour si désiré arriva, quand il fallut dire adieu à sa mère, son cœur parut près de se rompre ; elle était baignée de larmes, et dans cet instant elle aurait volontiers consenti à rester, quitte à pleurer pendant le reste de l'hiver. Madame Dashwood était aussi très-affectée. Elinor fut la seule qui, par son courage, adoucit le chagrin de la séparation, en répétant combien elle serait courte, et en parlant de l'époque du retour. On partit dans les premiers jours de janvier. Les Middleton devaient se mettre en route une semaine après, et les chères cousines Steeles rester au Park, jusqu'au jour du départ.

## CHAPITRE XXVI.

La prudente Elinor ne pouvait se trouver dans l'équipage de madame Jennings, commençant un voyage sous sa protection et devant vivre chez elle, sans s'étonner beaucoup de cette situation. Une si courte connaissance, tant de différence dans leurs âges, dans leurs manières, dans leur état, lui auraient paru des objections insurmontables. Mais ces objections avaient cédé, sans la moindre difficulté, à la passion de sa sœur, au désir de sa mère. La bonne Elinor, en dépit de ses réflexions et de ses doutes sur la constance de Willoughby, ne pouvait être témoin du ravissement de Maria, de l'espoir du bonheur qui brillait dans ses yeux, sans se rappeler douloureusement combien son sort était différent, et que tout espoir, tout bonheur étaient anéantis pour elle. Il ne lui restait pas même le doute. Elle excusait d'autant plus volontiers Maria, qu'elle sentait combien ce voyage aurait eu aussi de charmes pour elle, s'il avait été animé par la même perspective ; elle était aussi bien aise d'accompagner sa sœur, ou pour partager son bonheur si Willoughby était fidèle et lui offrait sa main, ou pour adoucir ses peines dans le cas contraire. La chose devait être bientôt décidée ; suivant les apparences il était à Londres, puisque Maria était si pressée de s'y rendre. Elinor, qui n'avait plus d'autre objet en vue et qui prenait un si vif intérêt au bonheur de sa sœur, était bien décidée à tâcher d'acquérir toutes les lumières possibles sur le vrai caractère d'un homme qui avait autant d'influence sur sa sœur, et de surveiller sa conduite avec le zèle de l'amitié. Si le résultat de ses observations n'était pas favorable à Willoughby, elle voulait à tout prix éclairer sa sœur sur les dangers de son attachement; si au contraire elle l'en jugeait digne, elle voulait se préserver elle-même de faire des comparaisons et d'envier son sort, et pouvoir se livrer entièrement à la satisfaction de la voir heureuse.

Leur voyage dura trois jours. La conduite de Maria pendant ce temps fut la preuve de ce que madame Jennings pouvait attendre d'elle, si elles avaient été en tête-à-tête. Dans ses regards animés brillaient, il est vrai, la joie et l'espérance ; mais tout entière à ses sentimens, à ses pensées, plongée dans ses tendres méditations, elle n'ouvrait la bouche que pour s'informer de la distance où on était de Londres, dire au cocher d'aller plus vite, ou s'extasier sur quelques points de vue romantiques ; elle ne s'adressait alors qu'à sa sœur. En échange, Elinor prit le parti d'être polie pour deux, et de tâcher, à force d'attentions, que madame Jennings ne remarquât pas la conduite de sa sœur ; elle causait, riait avec elle, écoutait des histoires triviales cent fois répétées. Madame Jennings, de son côté, témoignait aux deux sœurs toute la bonté imaginable, était en continuelle sollicitude pour leur bien-être et leur plaisir, consultait leurs goûts pour commander leur dîner aux auberges, et ne se fâchait contre Maria que lorsque elle se refusait à le dire ou qu'elle ne mangeait pas.

Elles arrivèrent à la ville le troisième jour, à quatre heures de l'après-midi, charmées de sortir de leur voiture, où elles étaient fort serrées, et de se reposer auprès d'un bon feu.

La maison était belle ; les appartemens meublés avec élégance ; tout annonçait le bien-être d'une riche veuve. Mesdemoiselles Dashwood furent mises en possession des chambres que lady Middleton et madame Palmer occupaient avant leur mariage. Elles étaient encore ornées de paysages brodés en soie, en chenille, preuve parlante de la bonne éducation qu'elles avaient reçue dans les meilleures pensions de Londres. Comme l'heure du dîner de madame Jennings était fixée à sept, Élinor voulut employer cet intervalle à écrire à sa mère, et s'assit devant une table. Maria vint bientôt la joindre et se plaça vis-à-vis d'elle, en prenant aussi une feuille de papier et en choisissant une plume.

— J'écris à maman, lui dit Élinor, qui avait déjà commencé; ne feriez-vous pas mieux, Maria, de différer votre lettre d'un jour ou deux?

— Je ne veux pas écrire à la Chaumière, dit Maria, et commençant très-vite comme pour éviter les questions. Élinor n'en fit point, persuadée, sans qu'elle l'eût demandé, qu'elle écrivait à Willoughby, et concluant de là qu'une mystérieuse correspondance existait, que Maria était sûre de ses intentions, et vraisemblablement engagée avec lui. Cette idée, qui traversa rapidement sa pensée, lui fit un grand plaisir et anima son style. Elle voulut le faire partager à sa bonne mère. « Maria, lui dit-elle, vous écrira par le premier courrier, et vous dira sans doute combien elle est heureuse, etc. » Sa lettre se remplissait des détails de leur voyage et de leur arrivée. Celle de Maria, qui n'était qu'un billet, fut bientôt finie, pliée et cachetée. Élinor jeta un regard sur l'adresse, et distingua un grand W, qui ne lui laissa plus de doute. Maria sonna, et pria le laquais qui vint de porter cette lettre à la petite poste; elle continua à être très-animée ; mais c'était plutôt de l'agitation que de la gaîté, et cette agitation s'augmentait graduellement. Elle put à peine manger, et quand elles furent rentrées dans le salon, elle n'écoutait pas même ce qu'on disait, n'était attentive qu'au roulement des carrosses; elle courait sans cesse du coin du feu à la fenêtre, où elle resta debout, pour voir tout ce qui se passait dans la rue. Élinor était charmée que madame Jennings, occupée ailleurs, n'y fît pas attention.

L'heure du thé les réunit. Maria était alors dans un état d'émotion presque douloureux à force d'être vif. Chaque coup de marteau dans les maisons voisines la faisait rougir et pâlir lorsqu'elle voyait qu'elle s'était trompée. Enfin un coup beaucoup plus fort fut l'annonce d'une visite. Aucune autre personne que celle à qui elle avait écrit ne pouvait savoir encore leur arrivée. Élinor ne douta pas qu'on ne vînt annoncer M. Willoughby. Maria s'approcha de la porte par un mouvement involontaire, l'ouvrit, écouta au-dessus de l'escalier, et entendit une voix d'homme demander si mesdames Dashwood étaient au logis; elle rentra dans un trouble qui tenait presque du délire, et s'approchant d'Élinor, elle lui dit en se jetant dans ses bras : Oh! c'est lui! c'est bien lui! Elinor lui avait à peine dit : Au nom du ciel! chère Maria, calmez-vous... que la porte s'ouvre.... et le colonel Brandon paraît. Maria, au désespoir, sort de la chambre, même sans le saluer. Il la suivit des yeux avec un étonnement douloureux; mais se remettant promptement, il s'approcha d'Élinor, et lui souhaita le bonjour, ayant l'air content de la revoir. Élinor était fâchée sans doute du *désappointement* de sa sœur ; mais elle l'était encore plus de son impolitesse pour un homme aussi estimable. Il était cruel pour lui d'être reçu de cette manière par une femme à qui il était si tendrement attaché. Elle espéra que peut-être il n'y avait pas fait attention; mais à peine l'eut-elle salué avec l'air de l'amitié, qu'il lui demanda d'une voix altérée si mademoiselle Maria était malade.

— Oui, monsieur, lui dit-elle en saisissant cette idée, elle est sujette à des vertiges ; et la fatigue du voyage a augmenté cette disposition : c'est sans doute ce qui l'a obligée à sortir. Il l'écouta avec la plus grande attention, tomba dans une sorte de rêverie, dont il sortit tout-à-coup en parlant à Élinor de leur séjour à Londres, du plaisir qu'il avait eu à l'apprendre, et il lui demanda des nouvelles de madame Dashwood, d'Emma, de ses amis du Park.

Ils continuèrent à s'entretenir en apparence avec calme, et tous les deux occupés de toute autre chose que de leur conversation. Élinor mourait d'envie de lui demander si Willoughby était à Londres; mais elle craignait d'augmenter sa peine, en lui parlant de son rival ; enfin, pour amener peut-être l'entretien sur ce sujet, elle lui demanda si lui-même avait toujours habité Londres depuis qu'il avait quitté Barton-Park.

— Oui, répliqua-t-il avec quelque embarras, presque toujours ; j'ai été deux ou trois fois à Delafort pour peu de jours, mais bien malgré moi, je vous assure, je n'ai pu retourner au Park.

La manière de répondre triste, embarrassée, rappela à Élinor le moment de son départ, et toutes les conjectures de madame Jennings. Elle craignait d'avoir témoigné une curiosité indiscrète, et se tut.

Madame Jennings entra, et salua le colonel avec sa gaîté accoutumée. — Je suis enchantée de vous voir, cher colonel, et bien fâchée de ne m'être pas trouvée là quand vous êtes entré ; j'avais, comme vous devez le comprendre, mille choses à faire, à ranger chez moi après une si longue absence ; mais à présent je puis sortir de mon salon quand je voudrai, on ne le trouvera pas vide, et personne ne s'apercevra que la vieille maman Jennings n'est pas là. N'est-ce pas, colonel, que j'ai fait de jolies recrues ? Mais, je vous en conjure, comment avez-vous appris que nous étions à la ville ? Je n'ai pas encore vu une âme.

— J'ai eu le plaisir de l'apprendre chez madame Palmer, où j'ai dîné.

— Ah ! ah ! chez ma Charlotte : donnez m'en bien vite des nouvelles. Aurai-je bientôt un petit-fils ?

— Madame Palmer est très-bien ; et je suis chargé de vous dire qu'elle viendra sûrement vous voir demain.

— Je l'espère. Où donc est Maria ? Vous ne l'avez pas vue encore, colonel ? Ne suis-je pas bonne de vous l'avoir amenée? Mais comment vous arrangerez-vous avec M. Willoughby? J'ai grand'peur pour vous, colonel! Ah! la charmante chose que d'être jeune et belle! J'ai été jeune aussi, et si je n'étais pas belle comme Maria, ni jolie comme Élinor, je n'en ai pas moins eu un bon mari, qui m'aimait de tout son cœur. Qu'aurais-je pu avoir de mieux avec la plus grande beauté? Ah! s'il vivait encore! Depuis huit ans, je le pleure ( sa physionomie, épanouie de joie comme à l'ordinaire, prit une expression un peu moins animée, ses yeux brillans de gaîté s'humectèrent ). Allons, allons, ne parlons plus de cela, c'est inutile, les larmes ne me le rendront pas; songeons plutôt aux vivans. Vous êtes-vous bien amusé, colonel, depuis que vous nous avez quittés si cruellement à Barton? Eh bien! après avoir bien crié contre vous, on prit son parti de votre absence, et on s'amusa tout autant : demandez à mademoiselle Maria si elle s'en aperçut. Je devinai à l'instant où elle était allée avec son beau conducteur; mais pour votre affaire si pressante, je n'ai que des conjectures : à présent que tout est fini, dites-moi ce que c'était. Point de secret entre amis.

Il répondit avec sa douceur et sa politesse

accoutumées, mais sans satisfaire en rien sa curiosité. Élinor s'occupa à préparer le thé. Madame Jennings fit appeler Maria, qui fut obligée de paraître. Elle salua le colonel avec une profonde tristesse et une parfaite indifférence. Il devint peu à peu tout aussi triste et aussi absorbé qu'elle, et malgré les persécutions de madame Jennings pour qu'il passât la soirée avec ces dames, il s'en alla immédiatement après le thé.

Aucune autre visite ne se présenta. L'abattement de Maria augmentait à mesure qu'elle perdait l'espoir, et de très-bonne heure on alla se coucher.

Maria se leva le lendemain rayonnante d'espérance ; son *désappointement* de la veille était oublié. Il était impossible que cette journée ne fût pas plus heureuse. Le déjeûner était presque fini quand madame Palmer entra en riant aux éclats, et pouvant à peine dire et répéter combien elle était contente de revoir sa bonne mère et ses chères amies. Elle était à-la-fois surprise de leur arrivée, en colère de ce qu'elles avaient refusé son invitation, bien aise qu'elles eussent accepté celle de sa mère. Et M. Palmer, ajouta-t-elle, comme il s'impatiente de vous voir ! Il n'a jamais voulu venir, quoiqu'il n'eût rien autre chose à faire ; mais il était de mauvaise humeur : il est toujours si drôle, M. Palmer !

Après une heure ou deux passées à causer sans rien dire, à rire sans sujet, à parler de plusieurs individus dont les demoiselles Dashwood ne connaissaient pas le nom, madame Palmer leur proposa de les mener dans quelques magasins pour faire leurs emplètes. Maria aurait préféré rester ; mais enfin désirant aussi acheter quelques parures, espérant faire quelque heureuse rencontre, elle se laissa entraîner. Par-tout où elles allèrent, son unique occupation fut de veiller à la porte des magasins où elles entraient sur tout ce qui passait dans la rue. Ses yeux étaient sans cesse en activité, attachés sur les trottoirs, et pénétraient au fond des voitures. Lorsqu'elle était forcée de venir donner son opinion sur quelque objet de mode, c'était avec une telle distraction, qu'il était facile de voir qu'elle pensait à toute autre chose. Les couleurs de son teint variaient à chaque instant. Sa sœur souffrait presque autant qu'elle de la voir dans cette agitation. On ne put obtenir son avis sur aucune emplète ; rien ne lui plaisait, rien n'attirait son attention. Elle ne témoignait qu'une extrême impatience de retourner à la maison. Elinor, qui voyait à regret sa sœur se donner en spectacle, aurait aussi désiré la ramener ; mais il n'était pas facile de l'obtenir de madame Jennings et de sa fille. La première causait avec tous les marchands, s'informait des modes, des nouvelles ; l'autre se faisait tout montrer, essayait tout, admirait tout, n'achetait rien et riait sans cesse. Il était donc assez tard lorsqu'elles rentrèrent au logis. Maria courut à perdre haleine ; et quand Élinor entra, elle la trouva avec un mélange de dépit de ce que Willoughby n'était pas venu, et de plaisir de ne l'avoir pas manqué.

— Est-ce qu'il n'est venu aucune lettre pour moi ? dit-elle au laquais qui apportait les papiers. — Non, madame. — En êtes-vous sûr ? informez-vous s'il n'est venu personne me demander. Il ressortit, et revint bientôt en disant : Non, madame, personne. C'est cruel, c'est étonnant, dit-elle à voix basse, en retournant vers la fenêtre. Élinor la regarda avec inquiétude. Oh ! ma mère, pensait-elle, combien vous avez eu tort de permettre un engagement de cœur entre une fille si jeune et si passionnée et un jeune homme si peu connu et si mystérieux ! — Chère Maria, dit-elle à sa sœur, vous êtes mal à votre aise, je le vois, et je le comprends.

— Pas du tout, dit Maria en s'efforçant de sourire, je n'éprouve qu'une impatience très-naturelle en vérité ; mais je n'ai pas le moindre doute, et je serais très-blessée qu'on me témoignât la moindre défiance sur un ami que j'estime autant que j'aime, et qui m'expliquera sûrement aujourd'hui ce qui m'étonne sans me fâcher. Élinor se tut : qu'aurait-elle pu dire ? mais elle se promit, si Willoughby ne paraissait pas de quelques jours, de faire sentir à sa mère la nécessité de parler à Maria.

Madame Palmer et une amie intime de madame Jennings, qu'elle avait rencontrée, vinrent dîner et passer la soirée avec elles. La complaisante Élinor consentit à faire un wisk avec ces dames. Maria ne savait aucun jeu, et n'était pas complaisante. Sa soirée, bien plus pénible que celle de sa sœur, s'écoula dans le trouble, l'anxiété, et le tourment d'une attente sans cesse trompée. Elle essaya de lire, mais sans le pouvoir ; son ouvrage de broderie n'eut pas plus de succès. Elle rêva au coin du feu, se promena de la porte à la fenêtre, soupira beaucoup, et fit pitié à sa sœur.

## CHAPITRE XXVII.

— Si le temps continue d'être aussi beau pour la saison, dit madame Jennings en déjeûnant, sir Georges ne quittera pas encore Barton; il lui en coûterait trop de perdre un jour de chasse.

— Ah ! c'est vrai, s'écria Maria avec gaîté et en courant à la fenêtre pour examiner le temps, je n'y avais pas pensé. Ces beaux jours d'hiver doivent inviter tous les chasseurs à rester à la campagne. Cette idée releva ses esprits et lui rendit tout son espoir. Willoughby, chasseur déterminé, n'était sûrement pas à Londres; il n'avait pas reçu sa lettre. Son absence, son silence étaient expliqués; et tous les nuages élevés dans l'âme de Maria furent dissipés. Madame Jennings avait eu là une heureuse idée.

— Il est sûr, dit Maria en s'asseyant à la table du déjeûner et en prenant une tartine qu'elle mangea avec appétit, il est sûr qu'il fait un temps délicieux pour la chasse ; comme ceux qui l'aiment doivent être heureux ! mais j'espère cependant... je crois, veux-je dire, qu'il ne durera pas; dans cette saison, c'est impossible. Nous aurons bientôt de la neige, de la gelée, qui rappellera les chasseurs en ville. Cette extrême douceur dans la température ne peut pas durer; demain, après demain peut-être il y aura du changement : voyez comme le jour est clair ! il peut geler cette nuit, et.....

— Et nous aurons sir Georges et lady Middleton, dit Élinor pour détourner l'attention de madame Jennings. Je suis sûre, pensait-elle, que Maria écrira à Haute-Combe par le courrier de ce soir.

Ecrivit-elle en effet ? C'est ce qu'il fut impossible de découvrir. Mais elle continua d'être de très-bonne humeur; heureuse de penser que Willoughby était à la chasse, plus heureuse encore d'espérer qu'il arriverait bientôt.

La matinée se passa en course chez des marchands, ou à laisser des cartes chez les connaissances de madame Jennings, pour les informer de son retour en ville. Maria, qui n'avait plus la crainte de manquer Willoughby, en sortant, ou l'espoir de le rencontrer dehors, alla où l'on voulut et fut assez aimable. Mais sa principale occupation était d'observer la direction du vent et les variations de l'atmosphère. Ne trouvez-vous pas qu'il fait beaucoup plus froid qu'hier, Elinor ? lui disait-elle. Cela augmente sensiblement ; je suis sûre qu'il gèlera cette nuit, et... elle se taisait ; mais Elinor achevait intérieurement sa phrase : Et les chasseurs reviendront. Elle était en même temps amusée et peinée de cette vivacité de sentiment, qui faisait passer tour à tour sa sœur du désespoir à la joie, et rapporter tout à l'unique objet dont elle était occupée.

Quelques jours se passèrent sans gelée et sans Willoughby ; et Maria les trouva longs et ennuyeux. Ni elle ni Elinor ne pouvaient cependant se plaindre en aucune manière de leur genre de vie chez madame Jennings ; il était tout autre qu'Elinor ne l'avait imaginé. La maison, située dans le beau quartier de *Berkeley-Street*, était montée sur un grand ton d'élégance et d'aisance. A l'exception de quelques vieilles connaissances de la Cité, dont lady Middleton n'avait pu obtenir l'expulsion, toute la société de madame Jennings était très-distinguée. Elle présenta ses jeunes amies de manière à leur attirer mille politesses. La figure très-remarquable de Maria, les grâces d'Elinor leur gagnèrent bientôt l'admiration et l'amitié de tous ceux à qui madame Jennings les présentait. Mais dans les premiers temps de leur séjour à Londres leurs plaisirs se bornèrent à quelques rassemblemens peu nombreux, soit chez madame Jennings, soit ailleurs, où Elinor faisait tous les soirs un grave wisk, tandis que Maria s'ennuyait à la mort, en comptant les jours et les heures, en soupirant après les frimas qui devaient lui ramener son ami.

Le colonel Brandon, ayant reçu une invitation de madame Jennings pour tous les jours, n'en laissait point passer sans venir prendre le thé avec ces dames lorsqu'elles restaient à la maison. Il regardait Maria ; il parlait à Élinor, qui le trouvait chaque jour plus aimable et plus intéressant, et qui voyait avec un vrai chagrin que son amour pour Maria, loin de diminuer, augmentait visiblement. Il lui parlait peu ; mais ses regards ne l'abandonnaient pas ; il suivait tous les mouvemens de cette figure si belle, si expressive, paraissait heureux lorsqu'elle lui adressait la parole, et tombait dans une sombre mélancolie quand elle ne lui parlait pas.

Environ une semaine après, en rentrant un matin après une promenade en voiture, elles trouvèrent une carte sur la table avec le nom de Willoughby. Maria la saisit avec une émotion qui fit craindre à sa sœur qu'elle ne se trouvât mal : Bon Dieu ! s'écria-t-elle, quel bonheur ! il est enfin à Londres ! Mais quel chagrin qu'il soit venu pendant notre absence ! et que je suis fâchée que nous soyons sorties ce matin ! Des larmes remplirent ses beaux yeux. Elinor, très-touchée, lui dit qu'il reviendrait sûrement le lendemain. J'en suis sûre à présent, dit Maria en pressant contre son cœur la précieuse carte. Madame Jennings entra ; elle s'échappa en emportant avec elle la carte et le nom qui lui annonçait un bonheur si passionnément désiré. Elinor fut contente et de la joie de Maria et de pouvoir enfin étudier Willoughby. Mais Maria reprit toutes ses agitations à un plus haut degré, elle n'eut plus un instant de tranquillité. L'attente de voir d'un instant à l'autre entrer cet être adoré la rendait incapable de tout. Elle ne parlait ni n'écoutait plus, et dès le lendemain elle refusa positivement, sur un léger prétexte, d'accompagner madame Jennings et sa sœur à la promenade accoutumée du matin. Elinor n'insista pas et n'osa refuser à madame Jennings d'aller avec elle ; mais malgré tous ses efforts, elle fut presque d'aussi mauvaise compagnie que l'aurait été sa sœur. Elle ne pouvait détourner ses pensées de la visite de Willoughby, dont elle n'avait aucun doute ; elle voyait, elle sentait l'émotion de Maria, et regrettait de n'être pas avec elle pour la soutenir, et pour juger avec plus de calme les dispositions de Willoughby.

A son retour, qu'elle pressa autant qu'il lui fut possible, elle vit, au premier regard qu'elle jeta sur sa sœur, que Willoughby n'était pas venu. Maria était l'image parlante d'un abattement tout près du désespoir. Élinor la regardait avec la plus tendre compassion, lorsque le laquais entra en tenant un billet. Maria courut au devant de lui, l'arracha de ses mains, en disant vivement : Pour moi ! Est-ce qu'on attend ?

— Non, madame, c'est pour ma maîtresse. Elle avait déjà lu l'adresse et jeté le billet avec dépit sur la table. — Pour madame Jennings, et rien pour moi ! c'est désespérant en vérité, c'est pour en mourir !

— Vous attendiez donc une lettre ? dit Élinor, incapable de garder plus long-temps le silence. Maria ne répondit rien ; ses yeux étaient pleins de larmes.

— Vous n'avez aucune confiance en moi,

chère Maria, continua Élinor après une courte pause.

— Ce reproche est singulier de votre part, Élinor, vous qui n'avez de confiance en personne.

— Moi ! répondit Élinor avec quelque embarras, je n'ai rien à confier.

— Ni moi, sans doute, répondit Maria avec énergie ; nos situations sont donc tout-à-fait semblables. Nous n'avons rien à nous dire l'une à l'autre, vous, parce que vous cachez tout, moi, parce que je ne cache rien. Mais quand vous me donnerez l'exemple d'une confiance plus particulière, alors je le suivrai. Élinor se tut en étouffant un soupir : qu'aurait-elle pu dire ? Le secret qui oppressait son cœur n'était pas le sien ; elle ne pouvait le trahir ; et pourquoi parler d'un homme qu'elle voulait oublier, d'un sentiment dont elle voulait triompher ? Mais elle sentit qu'elle ne pouvait pas dans de telles circonstances exiger la confiance de Maria.

Madame Jennings entra, ouvrit son billet et le lut tout haut. Il était de sa fille lady Marie Middleton, qui lui annonçait leur arrivée à Londres la veille, et la priait, ainsi que ses belles cousines, de venir passer la soirée chez elle. Les occupations de sir Georges, et de son côté un peu de rhume, les empêchaient de venir à Berkeley-Street. L'invitation fut acceptée ; mais quand l'heure d'y aller arriva, Elinor eut beaucoup de peine à persuader à Maria qu'elle ne pouvait honnêtement s'en dispenser. Willoughby n'avait point paru, n'avait point écrit ; et le tourment d'une attente continuelle et toujours trompée avait tellement irrité les nerfs de cette pauvre jeune fille, qu'elle assurait, sans en dire la cause, n'être pas en état de sortir. Mais un motif plus fort de rester au logis était la crainte de manquer encore la visite tant désirée. Madame Jennings vint de nouveau au secours d'Élinor par ses sages réflexions. — Il faut bien que vous veniez, Maria, lui dit-elle, car je parie que sir Georges aura rassemblé tous les amis de Barton-Park. Maria rougit et courut chercher son schall.

Elles furent reçues à Conduit-Street, comme elles l'étaient au Park, avec l'élégante cérémonie et la froide politesse de lady Middleton, et avec la bruyante cordialité et la bonne humeur de sir Georges. Soyez les bienvenues, mes belles voisines, dit-il en leur serrant la main ; j'ai invité pour ce soir une douzaine de couples de jeunes gens. J'aurai deux violons, et nous nous amuserons. Ce n'était pas trop l'avis de ma femme ; mais le mien a prévalu, et je pense que vous serez de mon parti. J'ai bien couru ce matin pour arranger cela. A Londres, c'est plus difficile qu'à Barton ; il y a plus de monde, mais aussi plus de plaisirs.

En effet lady Middleton, quoiqu'elle aimât la danse, aimait encore mieux une belle représentation ; elle trouvait qu'à la campagne un bal impromptu pouvait passer ; mais à Londres elle craignait de compromettre sa réputation d'élégance, lorsque l'on saurait que l'on avait dansé chez lady Middleton avec deux violons seulement et qu'elle n'avait offert qu'une simple collation.

Monsieur et madame Palmer étaient de la partie. Mesdemoiselles Dashwood n'avaient point vu le premier depuis leur arrivée, non plus que sa belle-mère, qu'il traitait avec une indifférence mal déguisée sous un air de dignité et d'importance. Il les salua légèrement lorsqu'elles entrèrent, sans avancer d'un pas et sans les regarder, pendant que sa femme les étouffait de caresses, et riait aux éclats de ce que *son cher amour* n'avait pas l'air de les reconnaître. — Ce sont mesdemoiselles Dashwood, M. Palmer. Il fit comme s'il ne l'entendait pas..... — M. Palmer, c'est ma mère. Eh bien ! voyez comme il est drôle, il est dans son humeur de ne pas m'écouter.

Maria en faisait bien autant. En entrant, elle parcourut le salon d'un regard ; il n'y était pas, et pour elle il n'y avait personne. Elle s'assit tristement dans un coin, également mal disposée pour avoir du plaisir ou pour en donner. Il y avait environ une heure qu'ils étaient rassemblés, lorsque M. Palmer, sortant de sa rêverie, s'avança en bâillant auprès d'Elinor, exprima sa surprise de les voir en ville, quoique ce fût chez lui que le colonel Brandon eût appris leur arrivée. D'honneur, je croyais que vous passiez tout l'hiver en Devonshire.

— Vraiment ? dit Elinor en riant.

— Quand y retournez-vous ?

— Je l'ignore. Les violons arrivèrent ; la conversation finit ; on se prépara à danser. Jamais Maria n'avait été si peu en train. Enfin cette mortelle soirée finit sans avoir encore vu Willoughby. Je n'ai de ma vie été plus fatiguée, dit Maria en entrant dans la voiture ; le parquet n'a point d'élasticité.

— Ne cherchez pas chicane à ce pauvre parquet, dit en riant madame Jennings ; vous l'auriez trouvé assez bon si vous l'aviez parcouru avec quelqu'un que je ne veux pas nommer ; vous ne seriez alors pas du tout fatiguée. A dire vrai, ce n'est pas trop honnête à lui de ne pas venir danser avec vous, quand il était invité.

— Invité, s'écria Maria, il était invité !

— Oui, ma fille me l'a dit, et sir Georges aussi, qui l'a rencontré ce matin et l'a fort pressé de venir.

Maria ne dit plus rien ; mais sa contenance annonçait combien elle était blessée. Elinor l'était aussi, et résolut d'écrire à sa mère le lendemain, d'éveiller ses craintes sur la santé de Maria, et de l'engager à exiger sa confiance. Elle fut confirmée dans cette résolution en s'apercevant le lendemain après déjeûner que Maria écrivait à Willoughby : car, à quelle autre personne pouvait-elle écrire ?

Avant dîner madame Jennings sortit pour quelques affaires. Elinor commença sa lettre. Maria, trop inquiète pour lire, trop agitée pour travailler, allait d'une fenêtre à l'autre, ou se promenait dans la chambre les bras croisés, ou assise devant le feu dans une attitude mélancolique.

Élinor fut très-pressante dans ses supplications à leur mère ; elle lui racontait tout ce qui s'était passé depuis leur arrivée, ses soupçons sur l'inconstance de Willoughby, et la conjurait au nom de ses devoirs de mère et de sa tendresse pour Maria, d'exiger d'elle un aveu positif de sa situation.

Sa lettre était à peine finie, qu'un coup de marteau annonça une visite. Maria, fatiguée d'espérer, se hâta de sortir pour ne pas entendre annoncer une autre personne que Willoughby. Un regard amical sur Élinor fut interprété par cette dernière comme une prière muette de la faire demander si c'était *lui*. Ce n'était pas *lui*; c'était encore le bon colonel Brandon. Il paraissait plus triste qu'à l'ordinaire. Après avoir exprimé à Élinor sa satisfaction de la trouver seule, comme s'il avait quelque chose de particulier à lui dire, il s'assit à côté d'elle en silence, et comme oppressé de ses pensées. Élinor, persuadée qu'il avait quelque chose à lui communiquer qui concernait sa sœur, attendait impatiemment qu'il commençât. Ce n'était pas la première fois qu'elle avait cette conviction. Souvent déjà, quand Maria sortait ou restait rêveuse dans un coin du salon, le colonel s'approchait d'Élinor, lui disait avec l'air du plus grand intérêt : Mademoiselle Maria n'est pas bien aujourd'hui, ou bien : Votre sœur est bien absorbée..... Il s'arrêtait ; il hésitait. Elle voyait dans son regard qu'il avait quelque chose à dire de plus qu'il n'osait pas prononcer. Cette fois, après quelques instans d'hésitation, après s'être levé et rassis, il lui demanda d'une voix tremblante quand il pourrait la féliciter de l'acquisition d'un frère. Élinor n'était pas préparée à cette question, et n'ayant pas de réponse prête, elle fut obligée de dire comme on dit toujours : Je n'entends pas..... je ne comprends pas..... parlez-vous de mon frère John ! Sont-ils arrivés ?....

Il essaya de sourire et répliqua avec une espèce d'effort : Vous ne voulez pas me comprendre. J'entends... les engagemens de votre sœur avec M. Willoughby de Haute-Combe... Ils sont connus généralement, et j'ai cru...

— Ils ne peuvent être connus, dit Élinor, puisque la famille les ignore.

Il parut très-surpris. — Je vous demande mille pardons, dit-il ; je crains à présent que mes questions n'aient été très-indiscrètes ; mais je ne pouvais imaginer qu'il y eût du mystère, puisqu'ils correspondent ouvertement et que tout le monde parle de leur mariage.

— Tout le monde en parle, dites-vous ? vous me surprenez toujours davantage. Dites-moi, je vous en prie, par qui vous en avez été informé.

— Par plusieurs personnes. Il y en a que vous ne connaissez pas, d'autres avec qui vous êtes très-liée, comme par exemple madame Jennings, les Palmer, les Middleton. Malgré cela, je ne l'aurais pas cru, parce qu'on cherche toujours à douter de ce que l'on craint; mais l'autre jour, en entrant ici, je vis accidentellement une lettre entre les mains du domestique, qui ne cherchait pas à la cacher. Elle était adressée à M. Willoughby et de l'écriture de votre sœur. Je vous ai demandé si elle se mariait, mais j'en étais déjà convaincu. Est-ce que tout est conclu définitivement ? Ne me reste-t-il aucun espoir ? Mais non; lors même qu'il y aurait des obstacles insurmontables, je n'ai aucun droit, aucun espoir de jamais succéder... De grâce excusez-moi, bonne Élinor; j'en dis trop sans doute et j'ai grand tort, mais je sais à peine ce que je dis, et je me confie entièrement en votre prudence. Dites-moi que tout est arrangé, quoiqu'il faille encore garder le secret quelque temps. Ah ! combien j'ai besoin d'être sûr que mon malheur est décidé, de ne plus rester en suspens, et d'employer toutes les forces de mon âme à me guérir d'un sentiment inutile et coupable !

Ces paroles incohérentes, cet aveu positif de son amour pour Maria affectèrent beaucoup Élinor, au point même de l'empêcher de parler ; et quand elle se sentit un peu remise, il succéda à ce trouble un extrême embarras de répondre convenablement. L'état réel des choses entre sa sœur et M. Willoughby lui était trop peu connu pour qu'elle ne craignît pas de la compromettre en disant trop ou trop peu. Cependant, comme elle était convaincue de l'affection de sa sœur pour Willoughby, qui ne laissait aucun espoir au colonel, quel que fût l'événement, étant bien aise d'ailleurs d'épargner à Maria le blâme auquel elle donnait lieu si souvent, elle jugea plus prudent d'en avouer davantage qu'elle n'en croyait elle-même : elle lui dit donc que, quoiqu'elle n'eût jamais été informée par eux-mêmes des termes où ils en étaient, elle n'avait aucun doute de leur affection mutuelle, et qu'elle n'était pas surprise d'apprendre leur correspondance.

Le colonel l'écouta avec une silencieuse attention ; et quand elle eut cessé de parler, il se leva et dit d'une voix émue : Je souhaite à votre sœur tous les bonheurs imaginables. Puisse-t-elle, puisse Willoughby mériter la félicité qui leur est destinée ! Il la salua de la main, leva les yeux au ciel avec l'expression la plus douloureuse, et partit.

Élinor resta triste et pensive. Cet entretien, loin de lui avoir apporté quelque consolation, laissait un poids sur son cœur. Ses espérances du mariage de sa sœur s'étaient, il est vrai, renouvelées; mais serait-elle heureuse? Les vœux du colonel avaient quelque chose de sombre; il semblait en douter. Le malheur de cet homme intéressant l'affligeait aussi. Elle déplorait la fatalité qui l'avait entraîné dans un amour sans espoir, et cette conformité dans leur situation redoublait encore l'intérêt qu'il lui inspirait. Pauvre Brandon ! s'écriait-elle ; et son cœur oppressé disait ainsi : Pauvre Élinor ! Elle ne savait plus ce qu'elle devait désirer ; et sur quelque objet qu'elle arrêtât sa pensée, c'était avec un sentiment douloureux.

## CHAPITRE XXVIII.

Trois ou quatre jours s'écoulèrent sans qu'Élinor eût à regretter d'avoir averti sa mère. Willoughby ne vint ni n'écrivit. L'inquiétude de Maria se calma peu à peu, et fut remplacée par un abattement, un découragement complets. Elle restait des heures entières assise à la même place, presque sans mouvement, ne faisant plus nulle attention aux coups de marteau ni à ceux qui entraient, ni à ce qu'on disait autour d'elle ; elle aurait oublié de manger, de s'habiller, de se coucher, de se lever, si Élinor n'y avait pensé pour elle, et ne l'eût avertie absolument de tout ce qu'il fallait faire : alors, sans dire oui ou non, elle obéissait machinalement à sa sœur ; elle sortait ou restait avec une égale indifférence, et sans avoir jamais une expression de plaisir ou d'espoir. Sur la fin de la semaine, elles étaient engagées dans une grande assemblée, où lady Middleton devait les conduire. Madame Palmer, très-avancée dans sa grossesse, était indisposée, et sa mère restait auprès d'elle ; elle avait prié ses jeunes amies de ne pas manquer à cet engagement. Élinor désirait aussi faire sortir Maria de son apathie ; et cette réunion chez une femme très-riche et très à la mode devait être fort belle. Comme à l'ordinaire, la triste Maria ne se mit en peine de rien, se laissa parer par sa sœur sans même se regarder au miroir, s'assit dans le salon jusqu'au moment de l'arrivée de lady Middleton, penchée sur sa main sans ouvrir la bouche, perdue dans ses pensées, et sans paraître s'apercevoir de la présence d'Élinor ; quand on l'avertit que lady Middleton les attendait dans sa voiture, elle tressaillit, comme si elle n'eût attendu personne.

Après avoir eu assez de peine à s'approcher de la maison où se tenait l'assemblée, à cause de la foule des équipages qui obstruaient la rue, elles firent leur introduction dans un salon splendide, très-illuminé et si rempli de monde, qu'on pouvait à peine respirer, et que la chaleur était insupportable. Lady Middleton les amena auprès de la dame qui les avait invitées. Elles la saluèrent, et il leur fut permis de se mêler dans la foule et de prendre leur part de la presse et de la chaleur, que leur arrivée augmentait encore. Après quelques momens employés à se promener avec grand'-peine d'un coin du salon à l'autre, lady Middleton arrangea une partie de cassino, qui était son jeu favori. Mesdemoiselles Dashwood préférèrent ne pas jouer, et s'assirent à peu de distance de la table de jeu. Maria retomba dans ses sombres rêveries; Élinor s'amusait à regarder cette quantité d'individus qui se rassemblaient avec l'espoir du plaisir, et qui, plus ou moins, avaient tous l'air ennuyé et fatigué. En promenant ses regards de côté et d'autre, ils tombèrent sur un objet qui lui donna une forte émotion.... C'était Willoughby debout devant une jeune personne mise dans toute la recherche de la mode, et avec qui il tenait une conversation très-animée. Dans un mouvement, ses yeux rencontrèrent ceux d'Élinor; il la salua, mais sans faire un pas pour se rapprocher d'elle et de Maria, qu'il voyait aussi très-bien; il continua à parler à la jeune dame. Involontairement Élinor se tourna vers sa sœur pour la prévenir, si elle ne l'avait pas encore vu, de peur qu'elle ne se donnât en spectacle; mais c'était trop tard, elle venait de l'apercevoir. Toute sa physionomie exprimait un bonheur qui tenait presque du délire. — C'est lui! s'écria-t-elle en se levant pour courir à lui, si sa sœur ne l'eût retenue. Bon Dieu ! il est là, dit-elle à Élinor, il est là ; oh ! s'il pouvait me voir ! Pourquoi ne me regarde-t-il pas ? Pourquoi m'empêchez-vous d'aller lui parler ? Oh ! laissez-moi.

Je vous en prie, dit Elinor à voix basse, soyez plus calme, ne trahissez pas ainsi vos sentimens devant tout le monde : est-ce à vous, Maria, à faire un seul pas ? Laissez-le venir. Peut-être il ne vous a pas vue encore.

Etre calme et dans un tel moment, ah ! c'était bien plus qu'elle ne pouvait l'espérer de Maria. Aussi voyant qu'elle l'écoutait à peine, elle lui serra tendrement la main : Pour l'amour de moi, Maria, lui dit-elle, rasseyez-vous ; si vous m'aimez, je vous en demande cette preuve. Maria se rassit à l'instant même en lui rendant son serrement de main, mais avec un mouvement convulsif ; elle avait un tremblement général ; ses joues et ses lèvres étaient pâles comme la mort et tous ses traits étaient altérés.

Enfin Willoughby, après les avoir regardées encore toutes deux, s'approcha lentement. Alors Maria prononça son nom ; ses yeux se ranimèrent, et un faible sourire parut sur ses lèvres. Il s'avança et s'adressa plutôt à Elinor qu'à Maria sans regarder cette dernière ; il cherchait visiblement à éviter son regard ; il s'informa de madame Dashwood, de mademoiselle Emma, demanda s'il y avait longtemps qu'elles étaient à la ville. Toute la présence d'esprit d'Elinor l'avait abandonnée. Elle était incapable de prononcer une parole, et s'attendait que Maria allait tomber sans connaissance. Celle-ci reprit au contraire toute sa vivacité ; un rouge vif colora ses joues ; et d'une voix très-altérée elle dit : Bon Dieu ! Willoughby, est-ce bien vous ? Que vous ai-je fait ? N'avez-vous pas reçu ma lettre ? Ne voulez-vous pas me regarder, me parler ? N'avez-vous rien à me dire ? Elinor examinait avec soin la physionomie et la contenance de Willoughby pendant que Maria lui parlait. Il changea plusieurs fois de couleur et paraissait évidemment très-mal à son aise ; il faisait des efforts inouïs pour paraître tranquille ; il y parvint et répondit avec politesse : J'ai eu l'honneur, mesdames, de me présenter chez vous jeudi passé ; j'ai beaucoup regretté de n'avoir pas eu le bonheur de vous rencontrer à la maison, non plus que madame Jennings. Vous avez dû trouver ma carte.

— Mais, avez-vous reçu mes billets ? s'écria

Maria dans la plus grande anxiété. Il y a entre nous quelque erreur, j'en suis sûre, quelque terrible erreur ! Quelle peut être la cause de cette inconcevable froideur ? Willoughby, pour l'amour du ciel, dites-le moi, expliquez-vous.

— Pour l'amour du ciel, parlez plus bas, dit Elinor, qui était sur les épines qu'on ne l'entendît, ou plutôt taisez-vous, ce n'est pas le moment.

Ce conseil ne pouvait regarder Willoughby, qui ne répondait pas un mot. Il pâlit et reprit sa contenance embarrassée. Elinor jeta les yeux sur la jeune dame à qui il avait parlé précédemment ; elle rencontra un regard inquiet, curieux, impératif. Willoughby le vit aussi : alors se retournant vers Maria, il lui dit à demi-voix : Oui, mademoiselle, j'ai eu le plaisir de recevoir la nouvelle de votre arrivée à Londres, avec bien de la reconnaissance ; et les saluant toutes deux assez légèrement, il alla rejoindre sa société.

Maria, qui s'était levée pour lui parler, fut obligée de se rasseoir, si pâle, si tremblante, qu'Elinor s'attendait à chaque instant à la voir s'évanouir. Elle avait dans son sac un flacon de sel qu'elle lui donna, en se penchant vers elle pour empêcher qu'elle ne fût remarquée. Allez auprès de lui, chère Elinor, dit Maria dès qu'elle put articuler un mot; je ne puis me soutenir; mais vous, vous qui êtes si bonne, allez, exigez de lui de venir me parler, me dire un seul mot, un seul. Je ne puis rester ainsi, je ne puis avoir un instant de paix jusqu'à ce qu'il m'ait expliqué... Quelque affreux malentendu, quelque calomnie... Oh! qu'il vienne, qu'il parle, ou je meurs.

— C'est impossible, chère Maria, dit Elinor, tout-à-fait impossible! Il n'est pas seul; nous ne pouvons nous expliquer ici. Quelques heures de patience; attendez seulement à demain.

Si l'émotion de Maria ne l'avait pas retenue forcément sur son siége, jamais sa sœur n'aurait pu obtenir qu'elle y restât; mais heureusement après quelques minutes elle vit Willoughby sortir par la porte d'entrée; elle le dit à Maria. Jusqu'alors l'excès de son agitation, le désir, l'espoir de lui parler avaient retenu ses pleurs; mais lorsqu'elle sut qu'il avait quitté la salle, elle sentit qu'elle allait ou se trouver mal, ou fondre en larmes; elle supplia sa sœur d'aller prier lady Middleton de la ramener en Berckeley-Street : elle ne pouvait pas, lui dit-elle, rester une heure de plus.

Quoique lady Middleton fût au milieu d'un robers, elle était trop polie pour ne pas quitter sa partie au moment où elle apprit que Maria n'était pas bien ; elle remit son jeu à une amie, et partit dès qu'on put avoir le carrosse. Elinor prit pour prétexte que la chaleur avait incommodé Maria. Celle-ci ne dit pas un mot ; ce ne fut qu'à des soupirs qu'on s'apercevait qu'elle était là. A leur arrivée à la maison, Elinor apprit avec plaisir que madame Jennings n'était pas encore rentrée ; elle se hâta de conduire Maria dans leur chambre ; elle la déshabilla, la mit au lit, lui donna quelques calmans pour ses nerfs, qui étaient très-attaqués, ne lui fit ni question ni reproches, et, à sa prière, la laissa seule. Elle alla au salon attendre le retour de madame Jennings, et eut tout le loisir de méditer sur ce qui venait de se passer.

Elle ne pouvait plus douter qu'il n'y eût quelque espèce d'engagement entre sa sœur et Willoughby, et il lui paraissait tout aussi positif que ce dernier avait changé et voulait rompre. Sa conduite ne pouvait avoir pour excuse aucune erreur, aucun malentendu, puisqu'il avouait avoir reçu ses lettres. Rien autre chose qu'un changement total dans ses sentimens ou dans ses intentions ne pouvait l'expliquer. L'indignation d'Elinor contre lui aurait été à son comble, si elle n'avait pas été témoin de son extrême embarras, de sa rougeur, de sa pâleur : ce qui prouvait au moins qu'il reconnaissait ses torts, et empêchait qu'on le crût un homme sans principes de morale et d'humanité, qui aurait cherché à gagner l'affection d'une pauvre jeune fille, sans amour et sans une intention honorable. Bonne Elinor ! elle ignorait encore combien un tel caractère est commun dans le grand monde ; combien d'hommes vraiment cruels se font un jeu d'inspirer un sentiment qu'ils ne partagent pas, de blesser à mort un cœur innocent et sensible, et d'assimiler ainsi, dans leurs plaisirs criminels, l'imprudente jeune fille qui les écoute, au gibier qu'ils poursuivent, et qu'ils blessent ou tuent sans remords ! Elinor n'avait pas cette idée de Willoughby ; elle se rappelait cet air de franchise et de bonté qui, dès le premier moment, les avait toutes captivées ; elle voyait encore ses regards pleins d'amour fixés sur Maria, et ses paroles si tendres, si pleines d'un sentiment honnête, vrai, délicat, lorsqu'il conjurait madame Dashwood de ne rien changer à la Chaumière. Non, non, Willoughby, ne peut les avoir trompées ; il aimait passionnément Maria ; elle n'a là-dessus aucun doute. Mais l'absence peut avoir affaibli cet amour ; un autre objet peut l'avoir entraîné. Peut-être aussi est-il forcé d'agir comme il le fait, par quelque circonstance impérieuse. Il lui en coûte au moins beaucoup ; elle l'a vu dans chacun de ses traits ; et l'excellente Elinor, dans son désir de le trouver moins coupable, lui savait presque gré d'avoir le courage d'éviter sa sœur, s'il ne l'aimait plus, et de ne pas chercher à entretenir un sentiment inutile. Mais pour le moment Maria n'en était pas moins très-malheureuse. Elinor ne pouvait penser, sans le plus profond chagrin, à l'effet que cette rencontre si désirée et si cruelle devait avoir sur un caractère aussi peu modéré, et qui s'abandonnait avec tant de violence à toutes les impressions. Sa propre situation gagnait à présent dans la comparaison ; elle était aussi séparée pour toujours d'Edward ; mais elle pouvait encore l'estimer entièrement, elle pouvait au moins se croire encore aimée tendrement comme *une amie*. Puisqu'un autre titre lui était interdit, celui-là et l'idée de pouvoir encore être quelque chose pour lui, consolaient un peu son cœur ; mais toutes les circonstances aggravaient le sort de Maria, et plus que tout encore son caractère. Une immédiate et complète rupture avec Willoughby devait avoir lieu, et comment la soutiendrait-elle ?

Lorsqu'elle rentra dans leur appartement, Maria était assoupie ou feignait de l'être. Élinor se jeta tout habillée sur son lit, laissant la porte de communication ouverte pour voler à son secours au moindre bruit. La nuit fut passablement tranquille. Élinor, lasse de réfléchir, s'était endormie, lorsqu'elle fut réveillée par des sanglots. Le jour d'une sombre matinée de janvier commençait à poindre; elle se leva promptement et passa dans la chambre de Maria ; elle la trouva levée aussi, à moitié habillée, à genoux dans l'embrasure de la fenêtre pour avoir plus de clarté, et devant un siége sur lequel elle écrivait aussi vite qu'un déluge de larmes qui coulaient sur son papier pouvait le lui permettre. Élinor la considéra quelque temps en silence avec le cœur déchiré ; puis elle lui dit avec l'accent le plus tendre : Chère Maria, combien je m'afflige de vous voir dans cet état ! Le temps du mystère est passé, ne voulez-vous pas me confier....

Non, non, Élinor, répondit-elle, ne demandez rien en ce moment : bientôt vous saurez tout. Elle continua d'écrire et de pleurer avec une telle violence, qu'elle était souvent obligée de poser sa plume pour se livrer à l'excès de son chagrin. Élinor s'était assise à quelque distance ; et si sa douleur était plus concentrée, elle n'en était pas moins vive. Ces mots : *Bientôt vous saurez tout* la glaçaient de terreur. Grand Dieu ! que lui restait-il encore à apprendre ? Cependant ses craintes vagues, obscures, incertaines, ne portaient pas sur la conduite de Maria ; Élinor avait elle-même l'âme trop pure pour concevoir une pareille idée ; elle connaissait d'ailleurs la noblesse du caractère de Maria, ses sentimens élevés, son enthousiasme de la vertu, et ne put imaginer même un instant qu'elle les eût oubliés.

Lorsque Maria eut fini sa lettre, elle sonna pour que la fille de la maison vînt allumer le feu. Pendant ce temps, elle acheva de s'habiller, cacheta sa lettre et la lui remit pour l'envoyer à l'instant à son adresse, puis vint s'asseoir sur le sopha à côté d'Élinor, et la tête enfoncée sur un des coussins, recommença à s'abandonner à son désespoir. Élinor fit tout ce qui dépendait d'elle pour la tranquilliser, la calmer ; elle ne se permit aucune question, et lui dit seulement qu'elle ne désirait connaître ses peines que pour les adoucir. Mais lorsque Maria pouvait parler, c'était pour la conjurer de ne lui rien demander encore, et véritablement ses nerfs étaient dans un tel état d'irritabilité, qu'elle n'aurait pu avoir une conversation suivie. Je vous fais un mal affreux, chère Élinor, lui dit-elle ; il vaut mieux nous séparer jusqu'à ce qu'il me soit possible..... Ma tête..... mes yeux.... j'ai besoin d'un peu d'air. Elle ouvrit la fenêtre, y resta quelque temps, sortit de la chambre, rentra, ressortit encore ; elle était dans une agitation qui ne lui permettait pas de rester en place ; mais ce mouvement parut la calmer assez pour pouvoir descendre avec Élinor, lorsqu'on vint les avertir que le déjeûner était servi.

## CHAPITRE XXIX.

Maria descendit appuyée sur le bras de sa sœur, s'assit à la table du déjeûner, mais ne but ni ne mangea ; toute l'attention d'Élinor était employée, non à la plaindre ou à la presser, mais à détourner entièrement sur elle-même celle de madame Jennings. Comme le déjeûner était le repas favori de la maîtresse de la maison, il durait long-temps ; quand il fut fini, elles s'assirent autour d'une table à ouvrage. Élinor montrait le sien à madame Jennings et lui montrait quelque chose ; Maria travaillait pour avoir un prétexte de baisser les yeux et de se taire, lorsque le domestique entra et lui remit une lettre. Elle s'en saisit vivement, regarda l'adresse, devint pâle comme la mort, et se hâta de sortir de la chambre. Élinor comprit de qui elle était, comme si elle avait vu la signature, et fut si émue qu'elle craignit de ne pouvoir le cacher à madame Jennings. La bonne dame vit seulement que Maria avait reçu une lettre de Willoughby, et l'en plaisanta ; mais comme elle était très-occupée à mesurer des aiguillées de laine pour le morceau de tapisserie qu'elle brodait, elle ne s'aperçut pas du trouble d'Élinor. Aussitôt que Maria fut sortie, elle dit en riant : En vérité, chère Elinor, je n'ai encore vu de ma vie une tête de jeune fille aussi complétement tournée que celle de Maria ; la pauvre enfant se meurt d'amour ! Si elle n'en devient pas folle tout-à-fait, elle sera bien heureuse. J'espère qu'on ne la fera pas attendre trop longtemps ; car il est vraiment triste de la voir ainsi rêveuse, mélancolique, si abattue. Dites-moi, je vous prie, quand le mariage aura lieu, et pourquoi Willoughby ne vient pas ici tous les jours pour l'égayer ? A-t-il peur de moi ? Il a tort ; j'aime beaucoup les jeunes gens bien amoureux, quand le mariage doit suivre, et il serait le bienvenu.

Jamais Élinor n'avait été moins en train de causer que dans ce moment ; mais la question était trop directe pour n'y pas répondre ; elle essaya donc de sourire. Avez-vous donc réellement, madame, lui dit-elle, une sérieuse persuasion que ma sœur est engagée avec M. Willoughby ? J'ai toujours cru que vous plaisantiez ; mais une question si positive n'est plus un badinage ; il faut que j'y réponde sérieusement et que je vous assure que rien au monde ne me surprendrait plus que ce mariage : il n'en est pas question.

— Fi donc ! miss Dashwood, dit toujours en riant madame Jennings, comment pouvez-vous parler ainsi ? Est-ce que nous n'avons pas tous vu que leur mariage était arrêté ? N'avons-nous pas été témoins de la naissance de leur passion au premier moment où ils se sont rencontrés, et de ses progrès ? Ne les ai-je pas vus à Barton tous les jours ensemble, du consentement de madame Dashwood, qui traitait déjà Willoughby comme un fils ? Allons, allons, vous ne me ferez pas croire qu'elle se fût conduite ainsi, si elle n'avait pas été sûre de son fait. J'aime l'amour, moi, dans le cœur des jeunes gens, c'est de leur âge ; mais j'aurais bien voulu voir que sir Georges et M. Palmer eussent affiché ainsi mes filles avant d'avoir dit en toutes lettres : Nous voulons les épouser. Non, non, cela n'est pas possible ! Et quand je demandai à votre maman de vous emmener avec moi : C'est précisément, me dit-elle, ce que je désirais le plus au monde que mes filles apprissent à connaître le genre de vie de Londres avant leur mariage, qui ne peut tarder. Et le jour du départ elle me dit : Je vous recommande ma chère Maria. Elinor est assez prudente pour que je n'en sois pas en peine; mais je vous prie, madame Jennings, d'aider Maria dans ses emplettes ; je veux qu'elle s'achète ce qui lui sera nécessaire, et j'y pourvoirai, mais non tout ce qui lui passera par la tête. N'est-il pas positif qu'elle entendait les emplettes de noce ? Et à présent vous allez me nier qu'il soit question de mariage ; parce que vous êtes mystérieuse pour vous-même, vous croyez que personne n'a ni yeux ni oreilles ; mais quant à moi, j'en suis si sûre que je l'ai dit à tout le monde, et Charlotte en a parlé comme moi.

— En vérité, madame, dit Elinor sérieusement, vous êtes dans l'erreur. Vous avez mal fait de répandre une nouvelle dont vous n'aviez point une assurance positive; vous en conviendrez vous-même, quoique vous ne vouliez pas me croire à présent.

Madame Jennings rit encore, appela Elinor une petite mystérieuse. Mais Elinor n'était pas d'humeur de plaisanter, et très-impatiente d'ailleurs de savoir ce que Willoughby avait écrit, elle se tut et sortit. En ouvrant la porte de la chambre de Maria, elle la vit couchée à demi sur son lit dans l'agonie de la douleur, tenant une lettre ouverte et deux ou trois autres autour d'elle. Elinor s'approcha sans parler, s'assit sur le lit, prit la main de sa sœur, la baisa plusieurs fois avec la plus tendre affection, et en versant elle-même des larmes presque aussi abondantes que celles de Maria.

Cette dernière, quoique incapable de parler, semblait sentir parfaitement la tendresse de cette conduite. Elle pressait la main d'Elinor contre ce pauvre cœur déchiré, comme pour en adoucir la blessure. Après quelque temps ainsi passé dans une affliction mutuelle, elle mit la lettre qu'elle tenait entre les mains d'Elinor, et couvrant son visage de son mouchoir, jeta presque des cris de désespoir. Elinor, qui pensait qu'un chagrin aussi violent devait avoir son explosion, et que sa sœur souffrirait bien davantage en tâchant de le réprimer, si même cela lui était possible, la laissa s'y livrer, et ouvrant vivement la lettre de Willoughby, lut ce qui suit :

« Mademoiselle,

» Je viens de recevoir dans ce moment la lettre dont vous avez bien voulu m'honorer, et dont je vous témoigne toute ma reconnaissance. Je suis consterné d'apprendre qu'il y ait eu quelque chose hier au soir dans ma conduite avec vous qui n'ait pas mérité votre approbation, quoiqu'il me soit impossible de découvrir en quoi j'ai eu le malheur de vous déplaire; je vous en demande mille pardons, et je vous assure que c'était absolument sans intention. Je n'ai jamais pensé à mon séjour en Devonshire et à ma connaissance avec votre famille sans le plus grand plaisir, et j'ose me flatter que ce léger malentendu n'y portera nulle atteinte. Mon estime pour toutes les dames Dashwood est très-sincère; mais si j'ai été assez malheureux pour avoir donné lieu de croire à quelques sentimens plus vifs ou particuliers, je me reprocherais beaucoup d'avoir peut-être témoigné trop vivement cette estime. Vous serez bien convaincue, mademoiselle, qu'il m'était impossible d'aller au delà, quand vous apprendrez que depuis long-temps mes affections étaient engagées ailleurs, et que dans quelques semaines ma main suivra le don de mon cœur.

» C'est avec grand regret que j'obéis à vos ordres en vous rendant toutes les lettres dont vous m'avez honoré, et la boucle de vos beaux cheveux que vous avez bien voulu me donner avec tant de complaisance.

» Je suis, mademoiselle, avec une parfaite estime, votre très-humble et très-obéissant serviteur,

» James Willoughby. »

Il est facile de comprendre avec quelle profonde indignation Elinor lut cette étrange lettre, écrite avec cette froideur, cette dureté à celle dont il connaissait si bien les qualités distinguées, l'excessive sensibilité, et qu'il blessait si cruellement. Oh! combien son intérêt, sa tendre pitié redoubla pour son innocente Maria, qui n'avait à se reprocher que des imprudences presque autorisées par sa mère et la noble confiance d'un cœur trop tendre, trop crédule, dont elle était si punie. En commençant à lire cette lettre, Élinor était déjà bien convaincue qu'elle contenait l'aveu de l'inconstance de Willoughby; mais jamais elle ne l'aurait soupçonné capable d'un tel manque de délicatesse, d'un tel oubli de toute espèce de procédés, en écrivant une lettre aussi cruelle, qui non-seulement n'exprimait aucun regret, aucun aveu d'inconstance ou d'obstacles insurmontables, mais par laquelle il niait même avoir eu pour sa victime aucune espèce d'affection, une lettre dont chaque ligne était une insulte, et prouvait combien celui qui l'avait écrite était méprisable. Elle resta quelque temps dans un muet étonnement et ne pouvant à peine en croire ses yeux. Elle la relut encore, et cette lecture ne servit qu'à augmenter sa haine contre cet homme. L'amertume de ce sentiment était telle, qu'elle n'osait essayer de parler de peur d'enfoncer plus avant le poignard dans le cœur de la pauvre Maria. Elle regardait cependant comme un bonheur qu'elle eût échappé à l'horreur d'être liée pour la vie à un être sans principes, sans honneur, sans délicatesse, enfin tel qu'il lui paraissait, le plus faux, le plus dur des hommes; mais ce n'était pas le moment de le faire sentir à Maria. Ses méditations sur le contenu de cette lettre et sur l'insensibilité et la fausseté de celui qui l'avait écrite, la conduisirent naturellement à réfléchir sur le caractère d'autres personnes qui, sans être peut-être aussi dépravées que Willoughby, ne pouvaient non plus que rendre malheureux ceux à qui elles seraient liées pour la vie. Lady Steeles vint se placer dans son imagination, pas très-loin de Willoughby; elle oublia quelques instants les peines de sa sœur pour s'occuper des siennes, ou plutôt elles se confondirent et formèrent une masse de pensées douloureuses qui l'absorbèrent tellement qu'elle ne songea pas à lire les trois autres lettres que Maria avait posées sur ses genoux, et qui, sans doute, étaient celles que Willougby lui avait renvoyées. Les sanglots de Maria avaient cessé, mais elle avait encore la tête dans les coussins, elle était encore incapable de parler et d'entendre. Elinor, perdue dans ses réflexions, ne savait pas elle-même combien il y avait de temps qu'elle était là, quand elle entendit rouler un carrosse devant la porte. Elle regarda à la fenêtre pour savoir qui pouvait venir de si bonne heure : c'était la voiture de madame Jennings, avec qui elle devait sortir. Décidée à ne pas quitter Maria, quoique sans espoir de la soulager, elle courut s'excuser auprès de leur bonne hôtesse, en lui disant que sa sœur était indisposée. Madame Jennings l'approuva, sortit seule ; Elinor retourna près de Maria. Elle la trouva essayant de se lever, mais ses jambes tremblantes ne pouvaient la soutenir, et sa sœur vint fort à propos pour l'empêcher de tomber sur le plancher ; ce qui n'eût pas été étonnant, car depuis plusieurs jours elle ne mangeait presque rien, et ses nuits se passaient sans sommeil. Beaucoup de faiblesse et de vertiges en étaient la suite inévitable. Jusqu'alors elle avait été soutenue par la fièvre de l'attente et de l'espérance; tout était fini pour elle, plus d'espoir, pas même celui de revoir celui qui remplissait encore en entier son cœur; elle succombait sous le poids du chagrin. Un mal de tête violent, des crispations d'estomac, et plusieurs faiblesses alarmèrent Élinor. Elle eut recours à tout ce qu'elle put imaginer pour la remettre et la ranimer; elle y parvint avec peine. Maria reprit ses sens, et put lui témoigner combien elle était touchée de sa bonté. Pauvre Élinor, lui dit-elle, combien je vous rends malheureuse! combien de peines je vous donne!

— Je voudrais seulement, lui répondit Elinor, savoir comment je pourrais vous donner quelques consolations.

Ce mot était trop pour Maria; mais quelque chose qu'Élinor eût pu lui dire, il en eût été de même. Ah! non, non, dit-elle, plus de consolation pour moi! je suis trop malheureuse! et sa voix s'éteignit de nouveau dans les sanglots et les larmes. Elinor ne pouvait presque plus supporter de la voir dans cet état.

— Tâchez de vous calmer, chère Maria, lui dit-elle, si vous ne voulez pas vous tuer vous-même et tous ceux qui vous aiment. Pensez à votre mère, pensez combien vos souffrances l'affligeraient. Pour elle, vous trouverez des forces dans votre cœur.

— Je ne le puis, je ne le puis, s'écria Maria ; laissez-moi, si je vous tourmente ; laissez-moi, haïssez-moi, abandonnez-moi ; mais ne me torturez pas en exigeant l'impossible. Oh ! combien il est facile à ceux qui n'ont aucune peine personnelle de parler de force et de courage ! Heureuse ! mille fois heureuse Elinor ! vous ne pouvez avoir aucune idée de ce que je souffre.

— Vous me nommez heureuse, Maria, ah ! si vous saviez....

Maria la regarda avec un tel effroi, qu'elle se hâta d'ajouter : Si vous saviez combien je sens votre douleur ! Pouvez-vous me croire heureuse quand je vous vois aussi souffrante ?

— Pardonnez-moi, oh ! pardonnez-moi, lui dit Maria en jetant ses bras autour du cou de sa sœur ; je connais votre cœur, je sais qu'il souffre pour moi, mais je voulais dire que vous seriez sûrement heureuse une fois. Edward vous aime, il n'a jamais aimé que vous seule au monde. Ah ! qu'est-ce qu'un tel bonheur ne peut pas compenser ? et rien ne peut vous l'ôter.

— Rien, Maria! Mille circonstances peuvent le détruire à jamais.

— Non, non, non, s'écria Maria avec véhémence, il vous aime, vous serez à lui pour la vie; le malheur ne peut vous atteindre.

— Le malheur, chère Maria, va presque toujours à la suite de la vie; je ne puis avoir aucun plaisir tant que je vous verrai dans cet état.

— Jamais vous ne me verrez autrement; mon malheur durera autant que moi. Oh! puissions-nous bientôt finir ensemble!

— Vous ne devez pas parler ainsi, Maria. N'avez-vous donc point d'amis? L'amour est-il tout pour vous? Est-ce que vous ne voyez autour de vous nulle consolation? Pensez, Maria, que vous auriez souffert mille fois plus encore, si vous aviez quelque chose à vous reprocher de vraiment répréhensible; si cet homme faux et cruel s'était amusé à prolonger votre erreur, à ne dévoiler son odieux caractère qu'après vous avoir entraînée dans une suite d'imprudences. Chaque jour de confiance en sa foi, en son honneur, augmentait le danger, et aurait rendu le coup plus cruel, lorsqu'il aurait enfin, comme aujourd'hui, rompu ses engagemens, et trahi ses sermens et sa foi.

— Ses sermens, ses engagemens, dit Maria, que voulez-vous dire, Elinor ? Il ne m'a point fait de serment, il n'y avait nul engagement entre nous.

— Nul engagement! s'écria Élinor.

— Non, non; il n'est pas aussi indigne, aussi méprisable que vous paraissez le croire ; il n'a trahi nul serment; il n'a pas manqué de foi. Et au milieu de sa douleur, une expression de joie brilla dans les yeux de Maria, elle pouvait justifier celui qu'elle adorait encore.

— Mais du moins il vous a dit qu'il vous aimait.

Oui... non... jamais entièrement. Vous l'avez vu, vous l'avez entendu. Jamais il ne m'a parlé plus clairement, plus positivement en particulier que devant vous et ma mère. Tout, dans sa conduite, semblait me le prouver... mais sa bouche n'a rien confirmé. C'est moi, moi seule qui me suis trompée, et jamais il ne m'a aimée! Un nouveau déluge de larmes suivit cette déchirante pensée.

— Cependant vous lui aviez écrit ; vous saviez par lui sans doute que vous le trouveriez à Londres ?

— Il me dit en me quittant qu'il y serait, *s'il vivait encore,* dans les premiers jours de janvier. Ah! pouvais-je croire, pouvais-je penser que celui qui supposait que la douleur de se séparer de moi pouvait le faire mourir ne m'avait jamais aimée? Il me dit qu'il ne m'écrirait pas, dans la crainte que sir Georges ne vît ses lettres, mais il me donna son adresse. Je n'ai pas osé lui écrire de la Chaumière, puisque nos lettres partaient du Park; mais je lui écrivis d'ici à l'instant de mon arrivée. Oh! Élinor, pouvais-je faire autrement? Les voilà mes lettres, méprisées, ah! Dieu, Dieu! Elle cacha encore son visage sur le coussin. Elinor prit les trois lettres, et lut ce qui suit.

Berkeley-Street, janvier.

» « Comme vous allez être surpris, mon cher
» Willoughby! Ah! laissez-moi me flatter
» que ce n'est pas seulement de la surprise
» que vous éprouverez, en apprenant que je
» suis à Londres. Une invitation de la bonne
» madame Jennings était un bonheur auquel
» je n'ai pu résister, non plus qu'à vous l'ap-
» prendre à l'instant même de mon arrivée.
» Je suis bien sûre que si mon billet vous
» parvient à temps, vous viendrez dès ce soir
» et que vous partagerez mon impatience; du
» moins je vous verrai bien sûrement demain.

» Croyez qu'à Londres comme à la Chaumière
» vous trouverez toujours une fidèle et tendre
» amie. »

M. D.

Son second billet avait été écrit le lendemain du petit bal des Middleton, et contenait ce qui suit :

« Je ne puis vous exprimer mon chagrin de
» vous avoir manqué avant-hier, lorsque j'ai
» trouvé votre carte au retour d'une prome-
» nade ; mais enfin vous êtes à la ville et vous
» savez où je suis. Pourquoi n'ai-je pas reçu
» un seul mot de vous en réponse au billet
» que je vous ai écrit il y a huit jours, au mo-
» ment de mon arrivée ? D'une heure à l'au-
» tre, d'un instant à l'autre, j'espérais vous
» voir entrer ou du moins avoir une lettre. Je
» vous en conjure, Willoughby, ne prolongez
» pas ce supplice ; revenez le plus tôt qu'il vous
» sera possible ; venez m'expliquer ce que je
» ne puis comprendre. Venez plus matin ; ma-
» dame Jennings sort toujours à une heure,
» et je n'ose lui refuser de l'accompagner,
» quoique je l'aie déjà fait dans un vain espoir.
» Ce même espoir, toujours trompé, m'avait
» engagée d'aller hier chez lady Middleton,

» où nous eûmes un petit bal. On m'assure
» que vous y étiez invité; mais je ne puis le
» croire, puisque vous n'y êtes pas venu. Il
» faudrait que vous fussiez étrangement changé
» depuis notre séparation, si vous refusiez vo-
» lontairement l'occasion de revoir vos amies
» de la Chaumière ; mais je ne veux pas même
» le supposer, et j'espère que je recevrai bien-
» tôt de votre bouche l'assurance que vous
» êtes toujours le même pour votre M. D. »

La troisième, datée du matin même, était ainsi conçue :

« Que dois-je penser, Willoughby ? A quoi
» dois-je attribuer votre étrange conduite
» d'hier au soir ? Je vous en demande encore
» l'explication. J'étais préparée à vous revoir
» avec tant de plaisir, après une absence qui
» m'avait paru si longue, à vous retrouver tel
» que vous étiez au moment de notre sépara-
» tion, aimable, tendre, affectionné, enfin ce
» que vous étiez à Barton du matin au soir,
» et ce que vous n'êtes plus à Londres. Quel-
» ques semaines peuvent-elles avoir changé à
» ce point vos sentimens ? Qu'est-il arrivé ?
» Que vous ai-je fait, moi qui n'ai cessé de
» penser à vous, de hâter par mes vœux le

» moment de vous revoir, ce moment qui de-
» vait être si doux, et que vous avez su rendre
» si cruel? J'ai passé une nuit entière sans
» sommeil, tâchant en vain de comprendre
» ou d'excuser une conduite aussi barbare,
» aussi contraire à ce que j'attendais de vous;
» je n'ai pu découvrir aucun motif, rien qui
» pût me l'expliquer; mais je n'en suis pas
» moins prête à entendre votre justification, à
» croire encore qu'elle dépend de vous. Peut-
» être qu'on m'a calomniée; je ne croyais pas
» avoir d'ennemis, et je croyais encore moins
» que Willoughby pût ajouter foi à des rap-
» ports contre moi; mais comment puis-je
» expliquer autrement votre inconcevable froi-
» deur? Dites-moi ce que c'est avec cette
» franchise dont vous faites profession et que
» j'aimais tant à trouver en vous; dites-le moi,
» et j'aurai la satisfaction inexprimable de vous
» rassurer sur tous les points. Je serais bien
» malheureuse en vérité, si j'étais forcée de
» penser mal de vous, d'apprendre que vous
» n'êtes pas ce que j'ai cru, que vous n'avez
» pas été sincère dans vos expressions d'atta-
» chement pour ma famille, et pour moi par-
» ticulièrement; mais s'il en est ainsi, je veux
» aussi le savoir. Je suis actuellement dans un

» état d'indécision et de trouble plus affreux
» mille fois que la certitude du malheur. Je
» désire bien vivement que vous puissiez vous
» justifier; mais ce que je demande, *c'est la*
» *vérité*. Si elle vous coûte trop à dire, ren-
» voyez-moi seulement mes billets et la bou-
» cle de cheveux que vous avez emportée; je
» vous comprendrai et.... Ah! Willoughby,
» il est impossible que vous ne vouliez plus
» être l'ami de M. D. »

## CHAPITRE XXX.

Élinor avait tremblé de lire ces lettres, elle s'attendait qu'elles étaient écrites avec tout le feu de la passion qui dévorait sa pauvre sœur, et qu'elle trouverait peut-être dans l'excès de cette passion la cause si ce n'est l'excuse de la conduite de Willoughby. Les hommes trop souvent incapables de ressentir la passion qu'ils inspirent, en sont ennuyés lorsque le goût léger qui les a entraînés n'existe plus. Mais ces lettres si simples, si tendres, si pleines d'affection et d'une confiance illimitée ; et celle de Willoughby si dure, si glacée, si insultante, redoublèrent sa tendre pitié pour sa sœur ; cependant elle n'en blâmait pas moins son imprudence d'avoir donné de telles preuves de tendresse à un homme qui ne les demandait pas, qui avait à peine prononcé le mot d'amour, et qui leur était connu depuis si peu de temps. Sir Georges leur avait fait l'éloge de ses talens pour la chasse, pour la danse, mais n'avait pas dit un mot de son caractère. Lui-même, il est vrai, s'était annoncé d'une manière aimable : mais tout jeune homme qui veut plaire, qui en a les moyens, s'annonce de même; et certainement il avait voulu plaire à Maria, et n'avait pu se faire illusion sur la nature du sentiment qu'il lui inspirait, qu'il avait si bien l'air de partager, que la prudente Élinor même y avait été trompée, et que la crédulité de la vive et sensible Maria était bien excusable. Son seul tort était de s'être trop livrée à son sentiment, à ses espérances. Certes elle en était trop punie pour pouvoir le lui reprocher.

Lorsque Maria vit que sa sœur avait fini sa lecture et réfléchissait en silence, elle lui fit observer que ses lettres ne contenaient rien que toute autre qu'elle n'eût écrit dans la même situation : Je me regardais, dit-elle, comme étant aussi solennellement engagée avec lui, que si un contrat légal nous eût liés. Cette sympathie qui nous avait entraînés l'un vers l'autre au premier instant, ce rapport de goûts, de caractère ; tout enfin me persuadait que le ciel nous avait destinés à nous unir.

— Malheureusement, dit Élinor, il ne voyait ni ne sentait de même.

— Élinor, pendant tout le temps qu'il a passé près de nous, il voyait, il sentait comme moi, j'en suis aussi sûre que de mon propre cœur. Sans doute le sien a changé, mais ce n'est pas sa faute ; l'art le plus diabolique a été employé pour le détacher de moi. Quand il me quitta je lui étais aussi chère que mon cœur pouvait le désirer, et qu'il m'était cher à moi-même ! Cette boucle de cheveux qu'il m'a renvoyée si vite à ma première demande, par combien d'instances réitérées ne l'avait-il pas obtenue ? Si vous aviez vu son regard ; si vous aviez entendu le son de sa voix lorsqu'il me suppliait de la lui laisser couper ! et la dernière soirée de la Chaumière, l'avez-vous oubliée, Elinor ? et le matin quand il vint prendre congé de moi, son désespoir, ses larmes ! Les hommes peuvent-ils en répandre à volonté ? Cette espèce de soulagement que la nature accorde aux femmes, n'est-elle pas chez eux la preuve d'un cœur vraiment touché ? Oh ! si vous aviez vu son affliction à la seule pensée de se séparer de moi pour quelques semaines ! Non jamais, jamais je ne l'oublierai.

Elle fut quelques instans sans pouvoir parler ; mais quand son émotion fut un peu calmée, elle ajouta avec fermeté : Elinor, on m'a traitée cruellement ; mais ce n'est pas Willoughby.

— Chère Maria, quel autre que lui faut-il en accuser? Par qui peut-il avoir été influencé?

— Par tout le monde, et non par son propre cœur. Je croirais plutôt que tous ceux que je connais se sont ligués contre moi, que de le supposer coupable d'une telle cruauté. Cette femme de qui il parle peut-être..... ou toute autre, je n'excepte que vous, maman, Emma et Edward, tous les autres peuvent m'avoir calomniée, et je les accuse plutôt que Willoughby, dont le cœur m'est si bien connu. On s'est vengé sans doute de ce que je préférais la société de l'homme du monde le plus aimable à des sots, à des gens sans goût, sans esprit. Je me suis fait des ennemis par la franchise de mon caractère, qui ne peut dissimuler ni flatter.

Elinor ne voulut pas dans ce moment disputer avec sa sœur, elle lui dit seulement : Chère Maria, si vous croyez avoir des ennemis assez méchans pour vous nuire par des calomnies, laissez leurs torts retomber sur eux-mêmes, et que le sentiment de votre innocence et de vos bonnes intentions relève votre âme ; ne leur donnez pas l'indigne triomphe de vous avoir rendue malheureuse. C'est un louable et raisonnable orgueil que celui qui nous donne le sentiment de notre propre dignité et qui nous élève au-dessus des gens qui mettent leur bonheur à exploiter la calomnie.

— Non, non, s'écria Maria, un malheur tel que le mien ne laisse aucun orgueil ; il m'est égal que tous ceux qui me connaissent sachent combien je souffre. Que m'importe leur triomphe ? il ne peut rien ajouter à ma misère. Elinor, Elinor, il est bien faible le chagrin qui peut s'adoucir par la fierté, qui peut s'élever au-dessus de l'insulte et de la mortification ; il peut alors s'effacer entièrement, tandis que le mien ne s'effacera jamais ; je ne puis le surmonter. On peut jouir du mal qu'on m'a fait tant qu'on voudra, sans l'augmenter ni l'affaiblir. Je n'ai plus aucun sentiment de fierté ; je n'ai, je ne puis avoir que celui de mon malheur.

— Mais pour l'amour de ma mère, pour le mien, Maria, ne pouvez-vous rien sur vous-même ?

— Ah ! pour vous deux je voudrais faire tout ce qui dépendrait de moi ; mais paraître heureuse quand je suis au désespoir, ah ! qui pourrait l'exiger ?

Elles restèrent quelque temps en silence. Élinor se promenait de la cheminée à la fenêtre et de la fenêtre à la cheminée, les bras croisés, les yeux baissés, absorbée dans ses pensées, sans sentir la chaleur du feu et sans rien voir au travers des vitres. Maria assise sur le pied de son lit, la tête appuyée contre une des colonnes, tenant dans ses mains la lettre de Willoughby, la relisant phrase par phrase, s'écria enfin tout-à-coup : Ah! c'est trop, c'est trop cruel! Ah! Willoughby, Willoughby, est-ce bien vous qui m'écrivez ainsi? Ne fais-je pas un songe affreux? Non, rien, rien ne peut vous justifier; non, rien, Elinor, quoi qu'on ait pu lui dire contre moi. Ne devait-il pas suspendre son jugement? Envoie-t-on un criminel au supplice sans l'entendre? Ne devait-il pas me le dire quand je le lui demandais instamment, et me donner les moyens de me justifier? (Elle reprit la lettre.) *Cette boucle de cheveux que vous m'aviez donnée avec tant de complaisance.* Ah! cela seul est impardonnable, Willoughby. Est-ce votre cœur, est-ce votre conscience qui ont dicté cette insolente phrase? Non, Elinor, rien ne peut l'excuser.

— Non, Maria, je le pense aussi.

— Mais cette femme, cette femme, à qui il va, dit-il, donner son cœur et sa main, cette heureuse femme! qui sait avec quel art, quelle séduction elle l'aura enchaîné ? Il l'aimait déjà, dit-il, et depuis long-temps. Ah ! sans doute quand elle a vu qu'il allait lui échapper et combien il m'était attaché, elle aura tout fait pour le retenir, pour me bannir de son cœur ; mais qui peut-elle être ? Jamais je ne l'ai entendu parler d'une seule femme jeune, belle, séduisante : l'est-elle, Elinor ? Vous l'avez vue ; moi je n'ai vu que Willoughby. Est-elle mieux, beaucoup mieux que la pauvre Maria ? Ah ! sans doute, puisqu'il m'abandonne pour elle ; mais peut-elle l'aimer comme moi ? Ah ! Willoughby, pourquoi ne m'avoir jamais parlé d'elle ? Alors j'aurais respecté ses droits sur vous ; mais jamais, jamais il ne m'a parlé que de moi-même.

Il y eut une autre pose. Maria était très-agitée ; elle se leva et s'approchant d'Elinor, elle saisit sa main : Chère Elinor, lui dit-elle, je veux retourner à Barton auprès de notre mère, ne pouvons-nous partir demain ?

— Demain, Maria !

— Oui, demain. Pourquoi resterai-je ici ? J'y suis venue seulement pour Willoughby ; qu'y ferai-je ? Qui m'intéresse à Londres ? Ah ! personne, personne, j'y suis comme dans un désert.

— Il serait, je crois, impossible de partir demain, dit Elinor; nous devons à madame Jennings plus que de la politesse; et la quitter aussi brusquement après les bontés qu'elle a pour vous, ce serait malhonnête.

— Eh bien donc! dans deux jours; mais en vérité, je ne puis rester plus long-temps, je ne puis m'exposer aux remarques, aux questions de tous ces gens, des Middleton, des Palmer: comment supporter leur pitié? La pitié de lady Middleton!... Ah! que dirait-il lui-même s'il le savait?

— Je crois, chère Maria, qu'un si prompt départ ferait beaucoup plus causer encore. Mais, dans ce moment, tâchez de trouver un peu de repos; couchez-vous; soyez physiquement tranquille, et vos esprits se calmeront. Maria suivit un instant ce conseil, mais reprit bientôt toute son agitation. Aucune place, aucune attitude ne lui convenaient. Sa sœur ne put obtenir d'elle qu'elle restât couchée. Elle eut encore une attaque de nerfs assez violente. Elinor craignait d'être obligée d'appeler quelqu'un à son secours; mais elle craignait encore plus qu'on la vît dans cet état. Une forte dose d'éther la remit peu à peu; elle resta assez faible pour être tranquille sur un sopha jusqu'au retour de madame Jennings, qui entra immédiatement dans leur chambre sans se faire annoncer. Elle entr'ouvrit la porte et regarda avec l'air très-affligé. Elinor alla au-devant d'elle ; elle entra. Comment allez-vous, ma chère ? dit-elle à Maria avec le ton de la compassion. (Celle-ci détourna la tête sans répondre.) Comment est-elle, mademoiselle Elinor ? Pauvre petite ! elle a l'air bien malade, et cela n'est pas étonnant. Hélas ! il n'est que trop vrai, il se marie bientôt, ce grand vaurien. Je viens de l'apprendre ; madame Taylor me l'a dit il n'y a pas une demi-heure ; elle le tenait d'une intime amie de miss Grey elle-même, sans quoi je n'aurais pu le croire : « Eh bien ! lui ai-je dit, tout ce que je sais, et ce qui est la vérité même, c'est qu'il s'est conduit abominablement avec une jeune dame de ma connaissance, à qui il a fait croire qu'il l'aimait avec passion, tandis qu'il en courtisait une autre. Je désire de tout mon cœur, pour le bien que je lui veux, que sa femme le rende malheureux. Je n'avais aucune idée qu'un homme pût se conduire de cette manière. Et qu'il ne me démente pas, car j'ai vu de mes propres yeux comme miss Maria l'aimait, comme il l'aimait aussi ; j'aurais parié ma tête qu'il n'épouserait qu'elle. Ah ! si jamais je le rencontre, fût-ce à côté de sa femme, je lui reprocherai sa conduite, je vous en réponds. » Mais, consolez-vous, chère Maria, ce n'est pas le seul homme qui méritât d'être aimé, et avec votre jolie mine vous ne manquerez pas d'admirateurs. Allons, courage, ma pauvre petite! je ne veux pas vous troubler plus long-temps; vous vous retenez de pleurer pour moi, je parie; il vaut mieux pleurer tout-à-la-fois, et que cela soit fait. J'ai invité pour ce soir mesdames Parcy et Sawnderson; elles sont gaies, comme vous savez, elles vous distrairont. Elle s'en alla doucement sur la pointe des pieds, comme si le bruit avait pu augmenter l'affliction de sa jeune amie.

Le reste de la matinée s'écoula assez tranquillement. Maria était sombre, parlait peu, soupirait beaucoup, mais fut plus calme, et à la grande surprise de sa sœur, elle voulut descendre pour le dîner. Elinor s'y opposait, mais elle le voulut. Elinor l'habilla en malade aussi bien qu'elle put, et se tint prête pour la conduire à la salle à manger quand on les appellerait.

Elles descendirent; Maria, appuyée sur sa sœur, pâle, abattue, et les yeux rouges, se mit à table et plus calme que sa sœur ne l'avait espéré. Si elle avait essayé de parler, ou qu'elle eût entendu la moitié de tout ce que madame Jennings disait, son calme ne se serait pas aussi bien soutenu ; mais pas un mot n'échappa de ses lèvres, et la concentration de ses pensées l'empêcha de faire attention à ce qui se passait autour d'elle. La bonne madame Jennings ne pensait pas que ses attentions, poussées jusqu'au ridicule, la tourmentaient plutôt que de lui faire du bien : Elinor, qui rendait justice à ses bonnes intentions, lui en témoignait sa reconnaissance et faisait son possible pour qu'elle laissât Maria tranquille ; mais elle ne pouvait lui persuader que les peines de l'âme ne doivent pas être traitées comme une migraine ou des maux purement physiques. Madame Jennings voyait Maria malheureuse, et la traitait avec l'indulgente tendresse d'une mère pour un enfant malade. Maria devait avoir la meilleure place vers le feu, le meilleur mets, le meilleur vin, le meilleur fauteuil ; elle cherchait tout ce qu'elle pouvait imaginer pour l'amuser ou la tenter de manger, en lui présentant une variété d'entremets, de dessert, de confitures de toute espèce. Si Elinor n'avait vu, par la contenance de sa sœur, que toute plaisanterie lui serait insupportable, elle n'aurait pu s'empêcher de rire avec elle des recettes de la bonne dame contre un chagrin d'amour. A la fin cependant elle fut si pressante et lui répéta si souvent que tout ce qu'elle lui présentait lui ferait sûrement du bien, que Maria, ne pouvant ni l'accepter ni s'en défendre, prit le parti de retourner dans sa chambre ; elle se leva avec une expression douloureuse, et fit signe à sa sœur de ne pas la suivre.

— Pauvre enfant ! s'écria madame Jennings aussitôt qu'elle fut loin, combien je suis peinée de la voir ainsi ! Voyez, elle s'en est allée sans finir ses cerises à l'eau-de-vie; rien ne l'aurait mieux fortifiée ; mais plus rien ne lui fait plaisir. Si je pouvais découvrir quelque chose qu'elle aimât, j'irais le lui chercher au bout de la ville. N'est-ce pas odieux qu'un homme abandonne ainsi une si jolie personne ? Mais voilà ce que c'est : quand il y a tant d'argent d'un côté et presque point de l'autre, la balance l'emporte.

Miss Grey ( n'est-ce pas ainsi que vous l'appelez ), interrompit Elinor, est donc très-riche ?

— Cinquante mille pièces, ma chère; on est toujours belle avec une telle dot. L'avez-vous vue à l'assemblée ? Elle est élégante, bien faite, mais point jolie. J'ai connu son oncle, dont elle a hérité ; toute cette famille est riche à millions, et cela tente un jeune homme qui aime la dépense, les chiens, les chevaux, les caricles, les équipages et la bonne table. Je veux bien cela ; mais il ne faut pas tourner la tête à une pauvre jeune fille qui n'a rien, lui faire espérer le mariage, puis la planter là quand on en trouve qui veut payer sa belle figure et toutes ses fantaisies.

— Savez-vous, madame, si miss Grey est aimable ?

— Je n'ai jamais entendu faire d'elle d'autre éloge que d'être riche et élégante ; elle a toujours les premières modes ; seulement madame Taylor m'a dit aujourd'hui que monsieur et madame Elison ne seraient pas fâchés du tout qu'elle se mariât, parce qu'ils ne s'accordaient point ensemble.

— Et qui sont ces Elison ?

— M. Elison est son tuteur, ma chère, chez qui elle vit ; mais dès qu'elle a vu le beau Willoughby, elle n'a plus voulu donner le bras à son tuteur ; elle ne parle, n'agit que par Willoughby. Le joli choix qu'elle a fait là ! elle le paiera, sur ma parole.

Elle s'arrêta un moment. « Elle est allée dans sa chambre, la pauvre petite, je suppose; il faut retourner auprès d'elle, ce serait cruel de la laisser seule, la pauvre enfant! J'ai quelques amis ce soir, il faut qu'elle vienne; on jouera à tout ce qu'elle voudra; elle n'aime pas le wisk, c'est trop sérieux, je comprends cela; nous ferons un vingt et un, un trente et quarante, une macédoine, enfin tout ce qui pourra l'amuser. » Chère dame, dit Élinor, votre bonté est tout-à-fait inutile; ma sœur n'est pas en état de quitter sa chambre ce soir. Je vais lui persuader de se mettre au lit de bonne heure; un parfait repos est ce qui convient le mieux à ses nerfs.

— Oui, oui, je crois que c'est le mieux; il faut qu'elle ordonne elle-même son souper, et qu'elle dorme. C'est donc cela qui la rendait si triste ces dernières semaines? Je suppose qu'elle s'en doutait, la pauvre enfant, quand elle ne voyait point venir son infidèle; moi je n'y comprenais rien, et lorsqu'il ne vint pas au bal chez ma fille, j'aurais bien pu alors me douter de quelque chose. Mais ce sont des querelles d'amans, pensai-je en moi-même; ils se raccommoderont et ne s'en aimeront que mieux. C'est donc cette lettre qu'elle a reçue ce matin qui a tout fini ? Pauvre petite ! si j'avais pu deviner ce que c'était, je me serais bien gardée de la railler ; mais qui pouvait penser une telle chose ? Ah ! combien sir Georges et Mary vont être étonnés quand ils l'apprendront ! Je suis fâchée de n'être pas allée chez eux, en revenant, pour le leur dire, mais j'irai demain sûrement.

— Il est inutile, madame, de vous recommander de prier vos filles et vos gendres de ne pas nommer M. Willoughby devant ma sœur, de ne faire aucune allusion à ce qui s'est passé ; leur bon cœur et le vôtre suffiront pour prévenir ce qui serait vraiment une cruauté. Pour moi-même, moins on m'en parlera, plus on m'épargnera de peine. Vous devez le comprendre, vous qui êtes la bonté même.

— Mon Dieu ! cela va sans dire ; il serait terrible pour vous et pour votre pauvre sœur d'en entendre parler ; on la ferait tomber en faiblesse, j'en suis sûre ; je ne lui en dirai pas un mot. Vous avez bien vu à dîner que j'ai parlé de toute autre chose. J'en avertirai sir Georges et sa femme, et ils se tairont aussi : à quoi sert de parler ?

— Souvent à faire beaucoup de mal, dit Elinor, à dire plus qu'on ne sait, plus qu'il n'y a. Le public juge sur l'événement, ignore les circonstances, et parle de ce qu'il ne sait qu'imparfaitement. Dans ce cas, par exemple, tous nos amis, je suppose, blâmeront beaucoup M. Willoughby; et sans doute il a eu des torts, mais non pas celui dont on l'accusera sûrement. Je dois lui rendre la justice que s'il a manqué aux procédés, il n'a pas manqué à ses sermens; il n'avait nul engagement positif avec ma sœur.

— Bon Dieu! ma chère, vous n'allez pas à présent le défendre! Point d'engagement positif, dites-vous? Après l'avoir menée au château d'Altenham, et lui avoir montré l'appartement qu'ils devaient habiter un jour?

Pour l'amour de sa sœur, Elinor ne voulut pas presser cette discussion. Maria pouvait y perdre, et Willoughby y gagnait très-peu. Après un court silence, madame Jennings reprit la parole avec son hilarité ordinaire.

— Eh bien! ma chère, il n'y a pas grand'-perte dans le fond, et le colonel Brandon n'en sera pas fâché. Voulez-vous parier qu'il épousera Maria vers le milieu de l'été? Mon Dieu! quelle joie va lui donner cette nouvelle! J'espère qu'il viendra ce soir, j'aime à voir des gens heureux. C'est un bien meilleur parti pour votre sœur; deux mille pièces de revenu valent mieux que six cents : c'est, je crois, tout ce que rapporte Haute-Combe, et madame Smith n'est pas encore morte ! Delafort, la terre du colonel, est bien autre chose que Haute-Combe et même que Barton. Il y vient les meilleurs fruits possibles ; il y a un canal délicieux, une grande route, une jolie église, qui n'est pas à un quart de mille, et le presbytère à côté, qui peut faire un bon voisinage. Je vous assure que c'est une charmante terre ; je me réjouis d'y aller voir Maria quand elle y sera établie, et cela ne peut manquer. Il y a bien l'obstacle de sa fille, de cet enfant de l'amour, miss Williams, mais il la mariera ; une bonne dot en fera l'affaire, et il n'en sera pas moins un excellent parti, si nous pouvons mettre Willoughby hors de la tête de votre sœur.

— J'espère bien que nous y parviendrons, madame, et même sans le colonel, dit Elinor : alors elle se leva et alla joindre Maria, qu'elle trouva, comme elle s'y attendait, rêvant à ses chagrins, à côté d'un feu à demi éteint, et sans autre lumière.

— Pourquoi revenir, Elinor ? vous feriez mieux de me laisser : ce fut tout ce qu'elle lui dit.

— Je vous laisserai, lui répondit-elle, si vous

voulez vous coucher. Elle s'y refusa d'abord ; mais Elinor ne se rebuta pas, la pressa doucement, lui aida à se déshabiller, et soit par persuasion, soit par complaisance, Maria y consentit. Sa sœur eut la consolation de voir sa pauvre tête fatiguée de pleurs sur son oreiller, et de la laisser sur le point de trouver un peu de repos et d'oubli de ses peines dans un doux sommeil. Elle alla rejoindre madame Jennings, et la rencontra tenant un gobelet à moitié plein. Ma chère, lui dit-elle, je me suis rappelé que j'avais encore une bouteille de vieux vin de Constance, je suis allée la chercher pour votre sœur. Mon pauvre mari en faisait un grand usage quand il avait une goutte remontée ; il assurait que rien ne lui faisait plus de bien. Faites-en prendre à votre sœur ; j'allais lui en porter. Chère dame, dit Elinor en souriant de l'efficacité d'un remède contre la goutte dans cette circonstance, vous êtes trop bonne, en vérité. Je viens de faire mettre Maria au lit, elle dort peut-être en ce moment, et rien ne peut lui faire plus de bien que le repos. Si vous voulez me le permettre, dit-elle en prenant le gobelet, c'est moi qui boirai cet excellent vin à la santé de la meilleure des femmes et des amies.

— Et à celle de la pauvre petite malade d'amour, dit la bonne dame. N'est-il pas bon? Je vous le dis, il la guérira et fortifiera son cœur; nous lui en donnerons demain, et tout ira à merveille.

Quelques momens après, la société attendue arriva. Madame Jennings les reçut, et Elinor alla présider à la table à thé.

## CHAPITRE XXXI.

Ainsi que madame Jennings l'avait prévu, le colonel Brandon entra pendant qu'Elinor préparait le thé, et par sa manière de regarder autour de la chambre, elle comprit à l'instant qu'il s'attendait à n'y pas trouver Maria, qu'il le désirait et qu'il savait déjà ce qui occasionnait son absence. Madame Jennings n'eut pas la même idée, car dès qu'il fut entré, elle traversa la chambre, vint près de la table à thé, où Elinor présidait, et lui dit à l'oreille : Le colonel a l'air bien sérieux, ma chère ; sûrement il ne sait rien de l'affaire. Dites-lui bien vite que Maria est libre, vous verrez comme il changera de physionomie. Elinor sourit sans répondre. Quelques momens après, le colonel s'approcha d'elle, et avec un regard qui lui confirma qu'elle n'avait rien à lui apprendre, il s'assit à côté d'elle et lui demanda des nouvelles de sa sœur.

— Maria n'est pas bien, dit-elle ; elle a été indisposée tout le jour, et nous lui avons persuadé de se mettre au lit.

— Peut-être, dit-il en hésitant beaucoup, ce que j'ai entendu dire ce matin..... est plus vrai que je n'ai d'abord voulu le croire ?

— Qu'avez-vous entendu dire ?

— Qu'un gentilhomme que j'avais de fortes raisons de penser..... de croire.... d'être sûr même qu'il était engagé.... avec votre sœur. Mais pourquoi me le demander ? Vous le savez, j'en suis certain. Je l'ai vu, en entrant, à l'altération de vos traits, à l'absence de votre sœur ; épargnez-moi la peine de le dire.

— Eh bien donc ! dit Elinor, je suppose que vous entendez le mariage de M. Willoughby avec mademoiselle Grey ; il paraît que c'est aujourd'hui que ce bruit a éclaté, où l'avez-vous appris ?

— Dans un magasin à Pall-Mall où j'avais affaire. Deux dames en parlaient ensemble si haut, qu'il m'était impossible de ne pas les entendre. Le nom de James Willoughby fréquemment répété attira mon attention ; celui de mademoiselle Grey s'y joignit, et fut suivi d'une assertion positive de leur mariage, qui doit avoir lieu dans quelques semaines. Aussitôt que la cérémonie sera faite, a ajouté l'une d'elles, ils partiront pour Haute-Combe, la terre que M. James Willoughby possède en Sommersetshire... Ah! miss Elinor, mon étonnement à cette nouvelle... Mais il me serait impossible d'exprimer ce que j'ai senti. Cette dame, à ce que j'ai appris, se nomme Elison, son mari est tuteur de mademoiselle Grey : ainsi elle doit être bien informée, et l'on ne peut en douter.

— Nous n'en doutons nullement, dit Elinor; mais vous a-t-on dit aussi qu'elle a cinquante mille livres? Il me semble que ce mot explique tout.

— Peut-être, mais n'excuse rien, dit le colonel; et Willoughby... Il s'arrêta un moment, et sans achever sa phrase commencée, il ajouta en changeant de ton : Et votre sœur, comment est-elle?

— Elle a beaucoup souffert, mais j'ai l'espoir que plus son chagrin a été violent, plus il sera court; elle a été, elle est encore dans une cruelle affliction. Jusqu'à ce jour elle n'avait eu, je crois, aucun doute sur les sentimens de Willoughby, et même actuellement elle voudrait encore pouvoir le justifier. Quant à moi, je suis presque convaincue qu'il ne lui a jamais été réellement attaché. Mais combien il a été trompeur, artificieux! et en dernier lieu il a montré une dureté de cœur qui m'a excessivement surprise. — L'habitude d'avoir, ou de feindre de l'amour pour toutes les jolies femmes qu'on rencontre doit produire cet effet, reprit le colonel ; et Willoughby..... Mais ne disiez-vous pas que votre sœur ne voit pas sa conduite sous le même jour que vous?—Vous connaissez l'extrême sensibilité de Maria, colonel ; il lui en coûte trop de condamner sévèrement quelqu'un qu'elle a autant aimé.

Il ne répondit rien. Le thé était fini, on arrangea les parties de jeu, et l'entretien fut interrompu. Madame Jennings, tout en jouant, regardait le colonel avec surprise. Elle avait pensé que la nouvelle du mariage de son rival le transporterait de joie, et qu'elle aurait le plaisir de le voir aussi gai, aussi animé que s'il n'avait que vingt ans ; il lui paraissait au contraire plus sérieux encore qu'à l'ordinaire. Il se dispensa de jouer et sortit bientôt. On ne comprend plus rien aux hommes, dit-elle le soir à Élinor ; j'aurais juré aussi qu'il aimait Maria.

La nuit fut meilleure pour cette dernière qu'Elinor ne l'avait espéré ; son abattement lui procura un peu de sommeil ; mais en s'éveillant le lendemain elle retrouva le même poids sur son cœur. Elinor, pour la soulager, l'engagea à parler du triste sujet qui l'oppressait, et avant qu'on les appelât pour le déjeûner, elles avaient traité à fond ce sujet avec la même conviction du côté d'Elinor, avec ses tendres et raisonnables conseils; et du côté de Maria, avec les mêmes sentimens impétueux et les mêmes variations. Quelquefois elle croyait Willoughby aussi malheureux, aussi innocent qu'elle-même ; dans d'autres momens, elle repoussait toute consolation, toute excuse, et le trouvait le plus coupable des hommes : quelquefois elle était absolument indifférente au jugement du public et voulait se montrer avec toute sa douleur ; l'instant d'après, elle pensait se séquestrer pour toujours : tantôt abattue à ne pouvoir presque parler ni faire un mouvement, tantôt se relevant avec énergie. Dans un seul point, elle ne changeait jamais : elle évitait autant que possible la présence de madame Jennings, et quand elle ne le pouvait, elle gardait un opiniâtre silence. Il fut impossible à sa sœur de lui persuader que madame Jennings entrait dans ses peines avec une vraie compassion. Non, non, répondait-elle, c'est impossible ; la sensibilité n'est pas dans sa nature. Vous le voyez, elle connaît et sent si peu mon chagrin, qu'elle croit pouvoir l'adoucir par des boissons ou par des mets plus recherchés. Elle me plaint comme elle plaindrait son chat, si on lui avait marché sur la pate, et rien de plus. Tout ce qu'elle aime c'est de causer, de raconter, et elle n'est pas fâchée dans le fond d'en avoir un nouveau sujet.

Quoiqu'il y eût en cela quelque vérité, Elinor connaissait trop bien l'excellent cœur de madame Jennings pour ne pas repousser ce qu'elle appelait une injustice; mais elle ne put convaincre Maria, qui était presque toujours influencée dans ses jugemens par la grande importance qu'elle mettait à une sorte de délicatesse raffinée et de sensibilité romanesque, au bon goût, au bon ton, aux grâces. Maria, de même que bien des personnes, avec un caractère bon, généreux, un esprit élevé, une sincérité parfaite, n'était ni juste ni raisonnable, et paraissait quelquefois exactement le contraire de ce qu'elle était réellement lorsqu'elle se laissait aller à ses impressions exagérées. Elle exigeait des autres les mêmes sentimens, les mêmes opinions qu'elle avait, et jugeait de leurs motifs par l'effet immédiat de leurs actions sur son esprit. Sa mère à-peu-près dans le même genre, et fière de trouver dans une fille aussi jeune cet esprit vif et pénétrant, ce sentiment du beau, cet enthousiasme qui la rendait si éloquente et qui animait si bien sa charmante physionomie, avait plutôt augmenté cette disposition qu'elle n'avait cherché à l'affaiblir ou à la régler. Lorsque Maria allait trop loin, sa mère riait et disait : Mon Elinor est raisonnable pour deux, et cela se calmera avec les années ; oubliant que les années ne changent point le caractère, et peuvent tout au plus le modifier : et madame Dashwood elle-même en était la preuve.

Une légère circonstance vint encore mettre madame Jennings plus bas dans l'estime de Maria, en lui causant une nouvelle source de peines, et cependant cette bonne femme n'était guidée que par l'impulsion de son excellent cœur et de sa bonne volonté.

Les deux sœurs étaient remontées dans leur chambre après déjeûner ; elles discutaient encore sur madame Jennings, lorsque celle-ci entra avec une lettre sortant à demi de ses mains, et la figure aussi gaie, aussi contente, aussi riante, que si elle rapportait à Maria tout son bonheur. Que me donnerez-vous, lui dit-elle en entrant, pour ce que je vous apporte ? Voilà le meilleur des remèdes ( en montrant un bout de la lettre). Le cœur de Maria lui battait au point de lui ôter la force d'aller arracher des mains de madame Jennings cette précieuse lettre ; son imagination la lisait déja en entier. Elle était de Willoughby, cela n'était pas douteux, pleine de tendresse, de repentir, expliquant tout ce qui s'était passé, satisfaisante, convaincante, et bientôt suivie de Willoughby lui-même, se précipitant dans la chambre, tombant à ses pieds, et confirmant par l'éloquence de son regard les assurances de sa lettre. D'après l'expression des yeux de madame Jennings et de ses signes à Élinor, elle crut que lui-même était le porteur de cette lettre et qu'il attendait en bas la permission d'entrer ; comment sans cela madame Jennings aurait-elle su ce que renfermait cette lettre ? — Hélas ! ce tableau si rapide et si charmant fut bientôt effacé. La lettre est posée devant elle d'un air triomphant, et déjà Maria a reconnu sur l'adresse l'écriture de sa mère, qui, pour la première fois de sa vie, serra douloureusement son cœur. Son espérance avait été si complète et si vive, que l'instant qui la détruisit fut un des plus cruels qu'elle eût encore passés ! Il lui semblait n'avoir souffert que dans ce moment.

La cruauté de madame Jennings en la trompant ainsi ( car elle lui supposa une intention qu'elle n'avait jamais eue) lui parut au-dessus du reproche ; elle n'eut d'autre expression qu'un déluge de larmes, qui ne furent pas interprétées de cette manière par celle qui les faisait couler. Elle crut au contraire que c'était un excès d'attendrissement causé par la vue d'une lettre de sa mère, et après avoir répété : Pauvre enfant, pauvre enfant ! elle est si nerveuse que le plaisir même la fait pleurer, elle sortit sans avoir le moindre sentiment de sa maladresse ; car c'était un manque de tact d'annoncer ainsi une lettre qui devait arriver tout naturellement. Toute autre qu'elle aurait prévu l'erreur de Maria et la lui aurait épargnée.

Passé le premier moment, Maria éprouva un sentiment de remords d'avoir aussi mal reçu une lettre de sa mère. Elle la reprit, la pressa contre ses lèvres, essuya ses yeux et la lettre même mouillée de ses larmes, et l'ouvrit avec un tendre respect : hélas ! elle n'y trouva aucune consolation. Le nom de Willoughby remplissait chaque page ; madame Dashwood se confiant encore en son amour, en son honneur, ne croyant pas possible qu'on pût se lasser d'aimer sa Maria, mais réveillée par les craintes et les soupçons d'Élinor, cherchait à relever l'espérance de sa fille chérie, sollicitait seulement son entière confiance, lui témoignait une affection sincère pour Willoughby, qui ne pouvait, disait-elle, les avoir trompées, et une telle conviction de leur bonheur, lorsqu'ils seraient unis, que le désespoir de Maria en lisant cette letre devint une espèce d'agonie. Heureusement ses larmes avaient commencé avant de la lire, elles continuèrent et furent un soulagement. Elle cessa enfin de pleurer, et témoigna alors la plus vive impatience de retourner auprès de sa mère; elle seule entrerait dans ses sentimens, comprendrait sa douleur; elle seule avait senti combien Willoughby méritait d'être aimé; elle seule lui pardonnerait de l'aimer encore malgré sa perfidie. Elle voulait partir à l'instant même, et pria Élinor de sonner pour demander une voiture.

Ce départ si prompt, si soudain n'était pas du tout de l'avis d'Élinor; outre l'émotion affreuse que ce retour inattendu donnerait à leur mère, qu'il fallait au moins en prévenir, et ses doutes sur le bien qu'il ferait à Maria, elle craignait avec raison qu'une absence si brusque dans un tel moment ne nuisît à sa réputation, et redoutait même les soupçons et les propos de madame Jennings, excitée par la colère où ce départ la mettrait sûrement : elle tâcha donc, sans lui dire les motifs qui l'auraient encore plus exaspérée, de faire entendre raison à sa sœur. Elle lui dit qu'il fallait au moins avoir le consentement de leur mère; que leur frère, étant attendu tous les jours à Londres, trouverait fort mauvais qu'elles partissent au moment de son arrivée; et la raison se fit enfin entendre à Maria.

Madame Jennings sortit ce jour-là plutôt que de coutume, et ne demanda point à Élinor de la suivre; il lui tardait que les Middleton et les Palmer sussent tout ce qui se passait, et pussent aussi s'affliger sur Maria et s'indigner contre Willoughby. Dès qu'elle fut partie, Maria conjura sa sœur d'écrire à leur mère, de lui dire toute sa douleur, et de lui demander la permission de retourner auprès d'elle. Élinor s'assit pour cette pénible tâche; Maria placée vis-à-vis d'elle, dans le salon de madame Jennings, appuyée sur la même table où sa sœur écrivait, tantôt suivait le mouvement de sa plume, tantôt rêvait, sa main sur ses yeux, et s'affligeait aussi du chagrin que cette lettre causerait à sa bonne mère : il y avait une heure qu'elles étaient ainsi, quand un coup de marteau à la porte fit tressaillir Maria.

Qui peut venir, dit Élinor, de si bonne

heure ? J'espérais que nous étions à l'abri d'une visite. Maria était déjà à côté de la fenêtre.

Qui serait-ce que le colonel Brandon ? dit-elle avec humeur ; est-on jamais à l'abri de le voir entrer ? Je ne veux pas le voir, et je m'échappe. Un homme qui ne sait que faire de son temps envahit toujours celui des autres ; elle sortit par la salle à manger pour éviter de le rencontrer.

Elinor, qui voulait achever sa lettre, hésitait si elle le recevrait dans l'absence de madame Jennings ; mais il ne se fit point annoncer ; il entra, et son regard mélancolique, le son de voix altéré avec lequel il demanda des nouvelles de Maria, convainquit Élinor que c'était le seul but de sa visite ; elle pouvait à peine pardonner à sa sœur l'espèce d'aversion qu'elle témoignait à ce digne homme.

J'ai rencontré madame Jennings à Bonds-street, dit-il ensuite à Elinor ; elle m'a engagé à venir auprès de vous, et j'étais charmé, je vous l'avoue, mademoiselle, de cette occasion de vous parler sans témoins ; je le désirais d'autant plus, que je vous jure que mon seul motif, mon seul vœu, mon seul espoir est de donner peut-être quelques *consolations*. Mais, non ; ce n'est pas le mot, et je ne sais de quelle expression me servir..... de donner à votre sœur une conviction déchirante peut-être au premier moment, mais qui puisse contribuer à guérir son cœur. Mon attachement pour elle et mon estime pour vous et pour votre excellente mère m'ont décidé à vous confier quelques circonstances... Mais, je vous en conjure, bonne Elinor, ne voyez dans cette confiance que mon ardent désir de vous être utile et aucun intérêt personnel. Je sais bien que, quelque chose qu'il arrive, je n'ai aucun espoir; mais quoique j'aie passé bien des heures à me convaincre moi-même qu'il était de mon devoir de vous parler, j'ai besoin encore de votre aveu pour m'y décider.

Je vous entends, dit Elinor, vous avez quelque chose à me dire sur M. Willoughby, qui dévoilera son caractère. Vous dites que c'est la plus forte preuve d'amitié que vous puissiez donner à ma sœur : ma reconnaissance vous est donc bien assurée. Si ce que vous avez à me confier tend à la guérir plus tôt de sa malheureuse inclination, parlez, je vous en conjure, je suis prête à vous entendre.

## CHAPITRE XXXII.

Vous me trouverez, dit le bon colonel à Elinor, un très-maussade narrateur ; je sais à peine par où commencer le récit que j'ai à vous faire. Quand je quittai Barton le dernier octobre.... mais il faut que je prenne mon récit de plus loin, il faut que je vous parle de ma propre histoire. Je vous promets d'être bref, et vous pouvez vous fier à moi ; c'est un sujet sur lequel je crains de demeurer long-temps (et ces mots furent accompagnés d'un profond soupir). Il s'arrêta un moment comme cherchant à rassembler ses idées ; ensuite il poursuivit.

—Vous avez probablement, miss Dashwood, oublié une conversation que j'eus avec vous un soir à Barton-Park pendant qu'on dansait ; et je vous parlais d'une dame que j'avais connue autrefois, qui ressemblait, à beaucoup d'égards, à votre sœur Maria.

— Je ne l'ai point oubliée, s'écria Elinor ; je pourrais, je crois, vous dire vos mêmes paroles ; mais qui pourrait rendre l'expression de sentiment avec lequel vous parliez de cette femme?

— Je l'avoue, dit le colonel, c'était avec une bien vive émotion que je remarquai dans votre sœur une ressemblance frappante, à plusieurs égards, avec cette femme, qui n'existe plus depuis long-temps. Ce n'est pas peut-être dans le détail des traits que ce rapport existe, quoiqu'il y en ait aussi ; la figure de Maria est plus belle, mais c'est la même expression de physionomie, le même regard, la même chaleur de cœur, la même vivacité d'imagination, le même caractère. Elisa était ma proche parente. Orpheline dès son enfance, elle fut mise sous la tutelle de mon père. Je n'avais qu'une année de plus qu'elle, et nous étions élevés ensemble. Elle était la compagne de mes jeux et mon intime amie ; je ne puis me rappeler le temps où je n'aimais pas Elisa, et mon affection, croissant avec les années, devint enfin un sentiment passionné. En me jugeant sur ma gravité actuelle, vous m'avez cru peut-être incapable d'un sentiment exalté ; il l'était au point que ni le temps ni sa mort n'ont pu l'éteindre, et qu'au moment où je vis votre sœur, qui me la rappelait si parfaitement, il se réveilla avec une nouvelle force. Elisa m'aimait aussi ; son attachement pour moi était aussi vif, aussi passionné que celui de votre sœur pour Willoughby; jugez donc si je l'excuse, si je le comprends. Vous, sage Elinor, vous qui savez placer vos sentimens sous l'égide de la raison, vous ne devez pas comprendre le moment où l'on n'entend plus sa voix, où celle de l'amour est seule écoutée (ici des larmes remplirent les yeux d'Elinor); mais votre sensibilité vous rend indulgente pour les faiblesses du cœur, et j'en abuse peut-être. Un sourire d'Elinor et même ses larmes lui dirent de continuer.

La fortune d'Elisa était considérable, nous n'y avions jamais pensé. Elle était destinée à mon frère aîné, nous l'ignorions tous les deux. Il voyageait avec un gouverneur et connaissait à peine sa jeune cousine, qu'il avait jusqu'alors regardée comme une enfant. Lorsqu'il revint à la maison paternelle, il avait vingt-quatre ans, Elisa dix-sept, et moi dix-huit. Mon père alors nous dévoilant ses desseins, ordonna à sa nièce de se préparer à donner sa main à mon frère; il aimait passionnément ce fils, qui pendant six ans avait été son fils unique; et ne pouvant lui laisser assez de fortune à son gré, il voulait lui assurer celle de sa pupille. Voilà, je crois, la seule excuse que je puisse alléguer pour celui qui était à-la-fois l'oncle et le tuteur de cette jeune victime. Prosternée à ses pieds, Elisa, en avouant notre amour, implora en vain sa pitié ; en vain offrîmes-nous d'un commun accord de céder à mon frère cette fortune qui nous rendait si malheureux. Mon père traita notre attachement et cette proposition de folies enfantines, qu'il ne lui était pas même permis d'écouter, et persista durement dans ses projets, en disant qu'il saurait bien se faire obéir d'elle ainsi que de mon frère, qui, sans aimer du tout sa cousine, consentait cependant à l'épouser. Au désespoir, et décidés à tout plutôt qu'à renoncer l'un à l'autre, nous formâmes un projet d'évasion. Le jour était fixé; nous devions fuir en Ecosse : nous fûmes trahis par la femme-de-chambre de ma cousine. Mon père en fureur me bannit de sa maison; il m'envoya chez un parent dont les terres étaient très-éloignées, avec l'injonction de me surveiller, ce dont il s'acquitta avec dureté. Elisa, renfermée dans sa chambre, privée de toute société, de tout plaisir, fut traitée plus rigoureusement encore. Elle me promit en nous séparant que rien au monde ne pourrait ébranler sa constance, et avant que l'année fût écoulée, on m'apprit, en me rendant la liberté, que j'avais trop compté sur le courage d'une fille de dix-sept ans, que celui d'Elisa avait cédé à l'ennui de sa situation (peut-être aux mauvais traitemens), et que celle qui devait être ma femme, ma compagne, était actuellement ma belle-sœur.

Ce coup, qui nous séparait à jamais, fut terrible. Cependant j'étais bien jeune, et si j'avais pu croire qu'elle fût heureuse avec mon frère, peut-être aurais-je fini par prendre mon parti. Mais pouvait-elle l'être avec un homme qui, sans l'aimer, et seulement pour sa fortune, consentait à l'épouser malgré elle, lui connaissant un autre attachement, et condamnant son frère au désespoir et à l'exil? car mon père, sans même me revoir, me plaça dans un régiment qui passait aux Grandes-Indes; ce qui me fit plaisir. Je n'aurais pas pu revoir Elisa dans notre nouvelle situation, et je n'aurais pas voulu l'exposer aux soupçons de son mari ni renouveler par ma présence le souvenir d'un sentiment que je désirais alors qu'elle pût oublier.

Je vous ai dit qu'elle ressemblait à votre sœur; vous savez donc déjà qu'elle était belle, séduisante, que son cœur et son imagination étaient toujours en mouvement. En un seul point elle différait de Maria : elle n'avait pas, comme votre sœur, la sauvegarde d'un système arrêté, celui de n'aimer qu'une fois en sa vie ( ici il soupira profondément ). Elinor, qui ne croyait pas aux systèmes arrêtés d'une fille de dix-huit ans, ne put s'empêcher de sourire à demi. Le colonel continua, mais avec une peine visible. Combien ce qu'il me reste à vous apprendre me coûte à prononcer! dit-il avec un accent étouffé; il ne faut pas moins que le motif qui me conduit ici pour m'y décider.

Elinor l'encouragea par un regard plein d'amitié.

Mon père mourut peu de mois après ce mariage. Elisa, si jeune encore, sans expérience, livrée à elle-même avec une vivacité de caractère qui aurait demandé d'être guidée, se trouvait unie à un mari qui n'avait pour elle ni attachement ni aucune de ces attentions qui gagnent par degrés un cœur aimant; il la traitait même avec dureté. Oh! qui pourrait ne pas la plaindre? Si elle avait eu seulement un ami pour l'avertir des dangers de sa situation! mais la malheureuse Elisa ne trouva qu'un séducteur, qui la conduisit à sa perte... Si j'étais resté en Angleterre, peut-être.... mais je croyais assurer son bonheur par mon absence, et dans le seul motif de rendre la paix à son cœur, je la prolongeai plus que je n'aurais dû. Ce que j'avais ressenti en apprenant son mariage n'était rien auprès de ce que j'éprouvai lorsque, deux ans après, j'appris son divorce, demandé par un époux justement outragé. C'est là ce qui m'a jeté dans cette tristesse que je n'ai pu vaincre.... même actuellement le souvenir de ce que j'ai souffert....

Il ne put continuer, et se levant il se promena vivement dans le salon pendant quelques minutes. Elinor, affectée par ce récit, et plus encore par l'émotion qu'il lui avait causée, ne pouvait d'abord lui parler ; pourtant elle alla à lui et le conjura de cesser une narration qui lui faisait autant de peine. Non, lui dit-il après avoir baisé sa main avec un tendre respect, il faut que vous sachiez tout ; je n'ai pas touché encore ce qui peut vous intéresser ; daignez m'écouter quelques instans de plus : ils se rassirent à côté l'un de l'autre, et il continua.

Je restai encore trois années depuis ce malheureux événement sans retourner en Angleterre. Mon premier soin quand j'arrivai fut de la chercher; mais mes recherches furent vaines. Je ne pus arriver qu'à son premier séducteur, qu'elle avait abandonné, et tout donnait lieu de penser que dès-lors elle s'était toujours plus ancrée dans ses désordres. Mon frère, en se séparant d'elle pour raison d'inconduite, n'avait pas été obligé de lui rendre toute sa fortune, et ce qu'il lui donnait annuellement ne pouvait lui suffire. J'appris de lui qu'une autre personne s'était présentée pour toucher cette rente; il imaginait donc, et avec un calme dont je fus révolté, que ses *extravagances* l'avaient obligée de disposer dans un moment de pressant besoin, de la seule chose qui lui restât pour vivre. Je ne pus supporter l'idée que ma cousine, l'amie de mon enfance, l'amante de ma jeunesse, ma sœur, mon Elisa, fût réduite à la misère, et cette pensée me poursuivait sans relâche. Je recommençai de nouveau mes recherches dans tous les lieux où le malheur et le désespoir pouvaient l'avoir conduite, sûr qu'elle n'était pas morte, puisque son annuité se payait encore. L'individu qui la touchait ne put me donner que des renseignemens obscurs. Enfin, après six mois de courses inutiles, je la trouvai par hasard. J'appris qu'un ancien domes-

tique de mon père avait eu du malheur et venait d'être enfermé pour dettes, j'allai le délivrer. Dans la même maison d'arrêt, et pour la même cause, était aussi mon infortunée belle-sœur, si changée, si flétrie par des peines de toute espèce, qu'à peine pus-je la reconnaître. Dès qu'elle m'aperçut, elle me nomma en poussant un cri déchirant, et en se cachant le visage entre les mains, elle m'apprit que j'avais devant moi l'objet de tant de recherches : cette figure si maigre, si triste, où l'on voyait à peine quelque trace de beauté, c'était mon Elisa, c'était celle que j'avais adorée et quittée dans la fleur de la jeunesse, de la santé, d'une surabondance de vie et de sentimens. Ce que je souffris en la retrouvant ainsi !......
Mais non, je n'ai pas le droit d'exciter votre sensibilité pour une étrangère, quand vous avez assez de vos peines; je me suis même trop étendu sur un sujet si douloureux. Suivant les apparences, Elisa était au dernier degré de la consomption, et son malheur et le mien étaient au point, que ce fut une consolation. La vie ne pouvait plus avoir d'autre prix pour elle que celui de lui donner le temps de se préparer à la mort, et ce temps lui fut accordé. Ce jour même, elle fut placée dans un

bel appartement, entourée de tous les soins nécessaires : je la visitai chaque jour pendant le reste de sa courte vie, et je reçus son dernier soupir.

Il s'arrêta encore. Elinor lui témoigna avec l'expression la plus sincère la part qu'elle prenait au triste sort de son amie.

Votre sœur, ajouta-t-il, ne peut être offensée par la ressemblance qui m'a frappé entre elle et mon infortunée parente. Leur destin ne peut jamais avoir le moindre rapport; et si les dispositions naturelles de mon Elisa avaient été soutenues par une sœur comme Elinor, ou par un heureux mariage, elle aurait été sûrement tout ce que Maria sera un jour, quand l'orage de son cœur aura dissipé les illusions, trop romanesques peut-être, mais bien séduisantes, auxquelles son imagination s'est livrée. Mais à quoi mène cette déplorable histoire ? allez-vous penser. Peut-être à avancer le moment où votre sœur bannira de sa pensée celui qui ne la méritait pas : pardonnez donc si, dans ce but, j'ai risqué de vous faire partager la pénible émotion que ce récit a excitée en moi. Depuis quinze ans que j'ai fermé les yeux d'Elisa, c'est la première fois que ce nom, toujours présent à ma pensée, est sorti de ma bouche ; je n'ai pas même voulu que sa fille le portât.

— Sa fille ! interrompit Elinor, serait-ce... ?

— Madame Jennings vous a peut-être parlé de miss Williams? J'ai vu, par quelques mots, qu'elle connaissait son existence et le tendre intérêt que je prends à cette jeune personne, qui ne sera pas, hélas ! plus heureuse que celle qui lui fit le triste présent de la vie sous de si fâcheux auspices. Cette enfant, fruit de sa coupable liaison, âgée de trois ans, était avec elle ; elle la chérissait et ne l'avait point quittée, ce qui m'a prouvé qu'elle était vraie lorsqu'elle m'a juré qu'elle n'avait pas d'autre faute à se reprocher, et que le repentir seul lui avait fait quitter le père de cette enfant. Elle me le dit encore en expirant, et en me recommandant sa fille, que je promis de regarder comme si elle était la mienne. Je sentis tout le prix de sa confiance, et je lui aurais bien volontiers servi de père dans le sens le plus strict, en veillant moi-même sur son éducation, si ma situation me l'avait permis ; mais je n'avais ni famille ni demeure qui m'appartinssent : ainsi je fus forcé de placer ma petite pupille dans une pension, sous le nom de Caroline Williams ; c'est mon nom de baptême que je me plus à lui donner. Je la vis aussi souvent qu'il me fut possible, et depuis cinq ans que mon frère est mort en me laissant la propriété de tous les biens de la famille, elle m'a souvent visité à Delafort. Je la présentais comme une parente dont j'avais été nommé le tuteur, mais je me doute qu'on a soupçonné dans le monde qu'elle tenait à moi de plus près. Résolu de la traiter comme ma fille, je n'ai pas démenti ce bruit, puisque également sa naissance n'était ni légitime ni avouée. Il y a trois ans que, la trouvant grande et formée pour son âge (elle avait alors quatorze ans), je la retirai de la pension où elle était depuis la mort de sa mère, pour la placer sous les soins d'une femme très-respectable, qui réside en Dorsetshire, et s'est chargée de surveiller l'éducation de cinq ou six jeunes personnes. Pendant deux ans, je fus parfaitement content de ma fille adoptive. Aussi jolie que sa mère, elle paraissait plus posée, plus calme : sa maîtresse, qui l'aimait beaucoup, avait en elle tant de confiance, qu'elle me sollicita de lui permettre de passer quelques semaines à Bath avec les parens de l'une de ses jeunes amies, qui désiraient sa société pour leur fille. Je connaissais cette famille sous un jour avantageux. La santé de Caroline avait toujours été délicate ; je pensais que cette course et les bains la fortifieraient, et j'eus l'imprudence d'y consentir : c'est là sans doute où elle fit la connaissance qui lui a été si fatale ! J'ai su depuis que le père de son amie, ayant été retenu par la goutte à la maison, était soigné par sa femme, et que les deux jeunes amies allaient seules dans les promenades ou à leurs emplettes du matin. Quoique l'amie de Caroline n'ait jamais voulu convenir de rien, j'ai lieu de croire qu'elle était confidente de son inclination et la favorisait. De retour à leur pension, Caroline ne fut plus la même ; rêveuse, inégale, inattentive, elle s'échappait souvent pour se promener seule dans les environs ; la maîtresse la menaça de m'avertir. Enfin, au mois de février, il y a à présent une année, elle sortit un jour comme à l'ordinaire, et ne revint pas. Après un jour ou deux passés en recherches inutiles, je fus averti de sa disparition. J'accourus, et tout ce que je pus apprendre c'est qu'elle avait fui. Pendant huit mois, je fus livré à des conjectures, dont l'une détruisait l'autre et me replongeait dans une incertitude cruelle. Tout ce que je pus découvrir, c'est qu'un jeune homme d'une figure, d'une beauté remarquables, avait souvent été vu dans les environs, se promenant avec elle; mais je ne pus avoir aucune lumière sur son nom.

Oh ciel! s'écria Elinor, serait-ce?... Est-il possible que ce soit Willoughby? Sans lui répondre le colonel continua.

Toutes les recherches pour découvrir quelques traces de sa demeure ayant été inutiles, je tombai dans un sombre abattement, dont mon ami sir Georges Middleton eut la bonté de s'inquiéter; il m'invita à passer quelque temps à Barton-Park pour me distraire. Je ne lui avais point confié la cause de mon chagrin, espérant d'un jour à l'autre retrouver ma brebis égarée, et sauver au moins sa réputation. J'avais besoin de fuir les lieux où je l'avais vue, où je ne la voyais plus, et j'acceptai la proposition de mon ami. C'est alors que je fis connaissance des intéressantes parentes de sir Georges; c'est là que je vis avec un trouble que je ne pus cacher l'image vivante de ma pauvre Elisa, image qui me fit une impression d'autant plus vive, d'autant plus douloureuse, qu'elle me retraça en même temps et la perte de la mère et celle du dépôt qu'elle avait confié à mes soins. Vous fûtes souvent témoin de ma mélancolie, elle vous intéressa et rebuta peut-être la vive et brillante Maria.

Bientôt un autre objet vint l'occuper en entier, et m'enlever même la faible espérance de pouvoir jamais lui plaire. Je combattais entre la nécessité de partir et le désir de rester, lorsque je reçus inopinément une lettre de Caroline elle-même, dans les premiers jours d'octobre ; elle me fut renvoyée de ma terre de Delafort, où elle était adressée. Je la reçus le matin du jour où nous devions tous aller à Withwell ; vous vîtes l'émotion qu'elle me donna et qui fut d'autant plus vive que l'écriture, les expressions de ma pupille repentante me firent présumer qu'elle était très-malade et qu'elle avait un pressant besoin de mon secours. Elle me disait où je la trouverais : c'était dans un hameau tellement retiré, que je ne fus pas surpris qu'elle eût échappé à toutes mes recherches : je n'avais donc pas un instant à perdre, et je résolus de partir tout de suite pour aller la chercher. Je parus fort étrange, fort entêté ; vous seule ne fîtes aucun effort pour me retenir, et pardonnez si j'ose croire que vous étiez celle qui me regrettait le plus. Je partis très-inquiet de l'état où je trouverais ma fille adoptive, et le cœur serré du regard courroucé de Maria, qui ne me pardonnait pas de faire manquer cette partie. Oh ! combien j'étais alors loin de me douter que cet heureux Willoughby, dont les regards me reprochaient l'impolitesse de mon départ, fût celui qui en était la cause, et lui-même s'il avait su que j'allais au secours de celle qu'il avait perdue, abandonnée! mais en aurait-il été moins gai, moins satisfait? Un sourire de Maria ne lui faisait-il pas oublier les larmes de ma pauvre Caroline? Non, non, l'homme capable de laisser la jeune fille dont il a séduit l'innocence, de la laisser dans la misère et dans l'abandon, sans asile, sans amis, sans secours, ignorant sa retraite, et qui, pendant que sa victime meurt de sa douleur, médite peut-être la perte d'une autre, non un tel être n'est pas susceptible de remords! Il avait quitté Caroline en lui promettant de revenir bientôt; il n'était pas revenu, il ne lui avait pas écrit, il ne pensait plus à elle.

Un mouvement involontaire fait baisser les yeux à Elinor, comme si elle avait eu honte pour sa sœur d'avoir été même, sans le savoir, complice d'une telle perfidie; elle les releva pleins d'indignation : c'est au-dessus, dit-elle, de tout ce que je pouvais imaginer! Mais, mon cher colonel, pourquoi... Elle s'arrêta tremblant elle-même du reproche qu'elle se croyait en droit de lui faire.

Je vous entends, dit-il, pourquoi ne vous ai-je pas avertie plus tôt ? Non, je ne puis vous exprimer ce que j'ai souffert depuis mon retour, combattant chaque jour, chaque instant avec moi-même pour vous cacher ou vous découvrir cette histoire. Lorsque je vis que Willoughby ne retournait point à Barton, j'espérais que quelque incident vous avait dévoilé son caractère, ou que sa légèreté l'avait entraîné loin de Maria, et qu'il n'était plus dangereux pour elle; mais quand je vis, quand j'appris de vous-même qu'elle l'aimait plus tendrement, plus passionément que jamais; quand le bruit de leur mariage se répandit généralement; quand je sus qu'ils étaient en correspondance, alors qu'aurais-je pu dire ? Mon intérêt personnel dans toute cette affaire était si grand, si... compliqué, qu'il m'était peut-être interdit de m'en mêler lorsque tout était conclu. Je n'aurais peut-être persuadé personne, et Maria, blessée, désespérée, et par moi ! m'offrait un tableau affreux à soutenir. Willoughby sans doute avait été rendu à la vertu par l'empire irrésistible d'une famille telle que la vôtre, et des charmes de Maria; il avait continué à l'adorer, et j'osais espérer que, revenu de ses erreurs de jeunesse, il la rendrait heureuse.

Jamais je n'avais eu l'espoir que ma pauvre Caroline pût devenir sa compagne, vu la tache de sa naissance, celle même de sa séduction. Sans doute il fut bien coupable avec elle; mais dans ce siècle, si l'on comptait trop sévèrement les torts de cette espèce, quel jeune homme serait digne d'obtenir la main d'une femme honnête? et celle qui allait appartenir à Willoughby réunissait tant de perfections, qu'elle devait sans doute fixer son inconstance. Voilà, chère Elinor, les motifs de mon silence; j'allais jusqu'à me persuader que, dans ma situation, c'était un devoir de me taire; cependant un sentiment intérieur m'a souvent engagé à m'ouvrir entièrement à vous, et si je vous avais trouvée seule la semaine passée, quelques rapports sur Willoughby, sur la cour qu'il faisait publiquement à miss Grey, et la tristesse de Maria, m'auraient enfin décidé à vous parler. Je vins ici: déterminé à vous faire connaître la vérité, je commençai une explication; vous m'interrompîtes en m'assurant que vous ne croyiez point que le mariage de votre sœur eût lieu : alors je me retins. Pourquoi nuire sans nécessité à un homme qui me regarde déjà comme son ennemi, que j'ai déjà puni de sa perfidie? Mais actuellement qu'il en agit aussi indignement

avec Maria, je n'ai plus de ménagement à garder,
et je dois faire connaître à votre sœur le danger
qu'elle a couru en s'attachant à un homme sans
principes, sans mœurs, sans délicatesse, qui lui
destinait sans doute le même sort qu'à ma pauvre Caroline, s'il avait pu triompher d'elle aussi
facilement. Ah! quel que soit son chagrin actuel, il doit se changer en reconnaissance pour
l'Être-Suprême, qui a veillé sur elle et l'a garantie des piéges dont elle était environnée.
Qu'elle compare son sort avec celui de ma pauvre enfant trompée aussi dans le premier choix
de son cœur, et n'ayant plus la consolation de
sa propre innocence; qu'elle se représente cette
jeune fille avec une passion dans le cœur aussi
forte, aussi vive que la sienne, peut-être augmentée par ses sacrifices, tourmentée de l'abandon de celui qu'elle aime, d'un être méprisable,
pour qui elle a renoncé à sa propre estime, et
des reproches cruels de sa conscience, qui ne
cesseront jamais. Il est impossible que Maria
ne trouve pas alors ses souffrances bien légères;
elle a conservé dans son entier sa propre estime
et celle de tous ses amis. Une tendre compassion
de son malheur, le respect pour la dignité avec
laquelle elle le supportera sans doute, ne peuvent qu'augmenter leur amitié; et peut-être que

celui qu'elle regrette, parce qu'elle le voit encore sous le bandeau des illusions de l'amour, cessera de l'intéresser quand il lui sera mieux connu. Usez, chère Elinor, de votre prudence, de votre discernement pour lui communiquer ce que je viens de vous dire. Vous pouvez bien mieux que moi juger de l'effet de ce que vous devez lui apprendre ou lui cacher; mais si je n'avais pas cru de bonne foi et dans ma conscience que cette histoire pût vous être utile pour adoucir ses regrets, je ne me serais jamais permis de vous troubler par le détail de mes propres afflictions et par un récit qui peut faire présumer que je cherche à me relever aux dépens des autres.

Elinor le remercia avec l'expression de la plus tendre reconnaissance, et lui dit qu'elle pensait comme lui que cette communication serait avantageuse à sa sœur. J'ai été plus peinée, dit-elle, de la voir essayer de le justifier que de tout le reste. Elle ne peut supporter qu'on l'accuse ni qu'on le soupçonne; mais ici il y a plus que des soupçons, c'est une certitude de son indignité, qui doit produire son effet sur un caractère tel que celui de Maria. Quoique d'abord elle en souffrira beaucoup, je suis presque sûre de l'efficacité de ce remède..... Après un court silence elle ajouta : Avez-vous revu M. Willoughby depuis que vous l'avez quitté à Barton ?

— Oui, répondit gravement le colonel, je l'ai vu une fois... notre rencontre était inévitable.

— Elinor, frappée de son accent, le regarda avec étonnement, en lui disant, expliquez-vous : comment ? où l'avez-vous rencontré ?

— Il n'y avait qu'une seule manière... Caroline m'avoua enfin, quoique avec beaucoup de peine, le nom de son séducteur ; je ne pouvais pas laisser son indigne action sans lui dire mon opinion sur sa conduite avec la jeune fille confiée à mes soins. Je lui écrivis à Altenham dans des termes qui l'obligèrent à se rendre directement à Londres, où je lui donnais rendez-vous. Il y fut exact, car l'homme qui manque aux lois de l'honneur avec un sexe faible et sans défense, n'a garde d'y manquer avec son propre sexe. Nous nous rencontrâmes donc, lui pour défendre et moi pour punir sa conduite. Il fut blessé au bras ; je n'en voulais pas à sa vie, et lors même que le désir de la conserver l'aurait engagé à m'offrir de réparer ses torts en épousant Caroline, je n'y aurais pas consenti. L'exemple de sa mère m'a trop fait sentir les dangers d'une union qui n'est pas fondée sur un attachement et une estime réciproques. J'aime mieux consoler mon enfant d'une faiblesse excusable, peut-être, dans un âge aussi tendre, que de l'exposer à devenir bien plus coupable, en l'unissant à un homme dont les principes sont aussi relâchés. Désolé de n'avoir su prévenir le malheur de la fille de mon Elisa, d'avoir si mal répondu à sa confiance, je consacre le reste de ma vie à adoucir ses peines, à la réconcilier avec elle-même, à la consoler d'une faute qu'elle peut encore réparer à force de vertus, et en remplissant tous les devoirs qui lui sont imposés.

— Est-elle à Londres ?

— Non, sa santé avait besoin d'un air plus pur. Je la trouvai près de devenir mère. Son fils, qui sera le mien, l'occupe uniquement. Je l'ai placée à la campagne chez des gens dont je suis sûr, comme une jeune veuve ; et si l'on peut croire à l'efficacité d'un profond et sincère repentir, le ciel lui a pardonné une faute aussi chèrement payée.

Se rappelant tout-à-coup que Maria avait peut-être besoin de sa sœur, que madame Jennings allait rentrer, il termina sa visite, recevant encore tous les remercîmens d'Élinor, et la laissant pleine d'estime pour lui, de compassion pour sa fille adoptive et d'indignation contre Willoughby.

## CHAPITRE XXXIII.

Élinor trouva bientôt l'occasion de répéter cette conversation à sa sœur ; mais l'effet fut très-différent de ce qu'elle avait imaginé. Maria n'eut pas l'air d'avoir un seul doute ; elle écouta le récit avec la plus ferme et la plus soumise attention, sans faire aucune remarque, aucune objection, sans interrompre cette narration par la moindre exclamation douloureuse. Elle n'essaya point de justifier Willoughby ; elle versait des larmes, et semblait convenir par son silence qu'elle sentait que c'était impossible. Toute sa conduite prouva à Élinor que la conviction de cette perfidie avait frappé son esprit, mais sans guérir son cœur. Elle vit aussi avec satisfaction, mais avec une grande surprise, qu'elle ne cherchait plus à éviter le colonel Brandon. Quand il entrait dans le salon elle ne sortait plus ; elle ne lui parlait pas la première, mais elle lui répondait avec beaucoup de politesse et même avec une sorte de respect, et ne se permettait plus un seul mot contre lui. Ce pauvre colonel, disait-elle à Élinor, comme je l'ai mal jugé ! Il a aimé passionnément, et il a été trahi : ah ! combien je le plains ! En tout elle était plus calme, plus résignée en apparence ; mais elle n'en paraissait pas moins malheureuse. Son esprit avait pris une assiette plus tranquille, mais aussi plus mélancolique ; et toujours elle était plongée dans un profond abattement. Elle sentit plus pesamment la perte des vertus et du caractère qu'elle avait supposés à Willoughby, qu'elle n'avait senti celle de son cœur. La séduction de mademoiselle Williams ; l'abandon qui en avait été la suite ; la misère de cette pauvre jeune fille, qui contrastait si fort avec la gaîté brillante de son séducteur ; un doute sur les desseins qu'il pouvait avoir eus sur elle-même, lorsqu'il feignait si bien un amour qu'il n'avait peut-être pas : tout cela réuni l'oppressait au point de ne pouvoir plus même en parler avec Élinor ; et nourrissant en silence le chagrin qui la dévorait, elle causait plus de peine à sa sœur que si elle le lui avait confié.

Elles recevaient de leur mère de fréquentes lettres qui n'étaient qu'une répétition de ce que Maria avait dit et senti. Sa douleur égalait presque celle de cette dernière, et son indignation surpassait celle d'Elinor. Des pages entières arrivaient tous les jours pour dire et redire toutes ses pensées, tous ses sentimens, pour exprimer sa sollicitude sur sa chère Maria, pour la supplier d'avoir un courage dont elle ne lui donnait pas l'exemple, et pour la recommander à Elinor. Malgré son désir de les revoir, elle insistait positivement pour qu'elles ne revinssent pas encore à Barton ; ce lieu plus que tout autre retracerait à sa pauvre Maria son bonheur passé, et nourrirait son amour et son affliction : à chaque place, disait-elle, elle verrait en imagination Willougby comme elle l'avait vu, tendre, empressé, uniquement occupé d'elle et des moyens de lui plaire... et l'imprudente mère ne songeait pas qu'en présentant elle-même ce tableau à Maria, elle lui faisait tout le mal qu'elle voulait éviter. Elinor vit avec chagrin que chaque lettre de la Chaumière redoublait la tristesse de sa sœur ; elle en vint à croire qu'en effet madame Dashwood faisait mieux de ne pas la rappeler auprès d'elle, et qu'elles ne feraient que s'exciter ensemble aux regrets et à la douleur. Madame Dashwood les engageait à profiter de l'invitation et de la générosité de madame Jennings, et à rester au moins pendant les six semaines qu'elle avait fixées pour leur séjour à Londres : une variété d'objets, d'occupations, de société, pourrait peut-être, disait-elle, distraire sa chère Maria de ses tristes pensées et lui procurer quelque autre objet d'intérêt. La rencontre fortuite de Willoughby ne l'inquiétait point ; elle n'était pas à craindre ; tous leurs amis, toutes leurs connaissances partageaient sans doute son indignation et n'auraient garde de l'inviter. Maria avait même moins de chances de le rencontrer qu'à Barton ; il pouvait être obligé d'un jour à l'autre de faire une visite à madame Smith à Altenham, à l'occasion de son mariage, et même d'y amener sa femme, ce qui serait cruel, et ne manquerait pas d'arriver. Un autre motif se joignait encore à ceux-là pour engager ses filles à rester à Londres. Une lettre de M. John Dashwood lui avait annoncé que dans le milieu de février ils y seraient établis en famille. Elle désirait beaucoup que ses filles fussent à même de voir leur frère ; sans le dire, elle pensait aussi que son Elinor gagnerait sûrement le cœur de madame Ferrars, et qu'elle verrait au moins une de ses filles heureuse et bien établie. Maria avait promis de se laisser guider par l'opinion de sa mère ; elle s'y soumit donc sans opposition, quoique la sienne fût absolument contraire. Maman se trompe sur tous les points, pensait-elle ; en me faisant rester à Londres, elle me prive des consolations que je trouverais dans sa tendre sympathie pour l'excès de mon malheur, et je ne serais pas forcée de voir une société dont le manque total de goût et de sentimens me repousse et me blesse, et avec laquelle je ne puis espérer un seul instant de repos. La seule chose qui lui fit prendre son parti sur cette décision, fut l'avantage d'Elinor, qui pourrait voir Edward journellement chez sa sœur. Elinor, de son côté, pensant qu'avec des relations de famille aussi intimes, elle ne pourrait pas toujours éviter Edward, fortifiait son âme pour s'accoutumer à le voir, non plus comme son futur époux, mais comme celui de Lucy Steele, et croyait, ainsi que sa mère, que, dans les dispositions mélancoliques de Maria, un peu des distractions de la ville lui valait mieux qu'une solitude remplie de si dangereux souvenirs.

Ses soins pour que sa sœur n'entendît jamais le nom de Willoughby prononcé devant elle ne furent pas sans succès. Ni madame Jennings ni aucun de ses enfans, sans en excepter la babillarde petite dame Palmer, ne parlaient de lui devant elle ; mais ils s'en dédommageaient amplement lorsqu'elle n'était pas avec eux, ce qui arrivait souvent; et la pauvre Elinor était obligée de supporter seule leur curiosité, leur indignation, et, ce qui était pire encore, leur pitié pour sa sœur. Sir Georges pouvait à peine croire que cela fût possible; un homme dont il avait eu toujours bonne opinion, un si bon garçon, le meilleur écuyer et le plus habile chasseur de l'Angleterre! et quel danseur infatigable! C'était une chose incroyable; il le donnait à tous les diables du plus profond de son cœur; il ne dirait plus une seule parole pour tous les biens du monde, à ce scélérat, à ce trompeur! pas même, disait-il, s'il m'offrait une de ses charmantes petites chiennes : non, non, tout est fini avec lui.

Madame Palmer exprimait aussi sa colère à sa manière, sans savoir ce qu'elle disait. Elle le haïssait au point de ne pouvoir parler de lui, et contait à tout le monde ce qu'elle en savait : ce fut par elle qu'Elinor apprit toutes les particularités du mariage, chez quel sellier les voitures se faisaient, quel peintre peignait les miniatures de l'époux et de l'épouse, et dans quel magasin on pouvait voir les parures étalées, etc., etc. Lady Middleton dit le premier jour : En vérité un homme de la bonne société ne devait pas se conduire ainsi. N'avoir pas l'air de connaître une personne chez qui il a été reçu si poliment, une parente de sir Georges, c'est très-mal. Ensuite elle n'en parla plus ; mais ayant appris que madame Willoughby était une élégante qui donnait le ton et se mettait à merveille, elle pensa qu'elle embellirait ses assemblées, se promit de lui envoyer des cartes de visites et de l'inviter au premier *rout* qu'elle donnerait. En attendant, sa polie indifférence plaisait mieux à Elinor que le bruyant et humiliant intérêt des autres personnes de leur société, que celui même de madame Jennings, qui disait à tout le monde: Comme cette pauvre Maria était malade de chagrin ! comme c'était une pitié de la voir à table sans manger, quoiqu'elle lui donnât les meilleures choses du monde ! Mais qu'y faire ? tout cela n'est pas le traître Willoughby ; c'est lui qu'elle voudrait, et je ne puis pas le lui rendre. M. Palmer, qui n'avait pas l'air de se douter qu'il y eût au monde une Maria Dashwood et un James Willoughby, était dans ce moment celui de leur société qui convenait le mieux à Élinor, excepté cependant le bon colonel, qui ne parlait de Maria que sur le ton de la plus extrême délicatesse, et avec qui Elinor pouvait causer avec une confiance entière. Il trouvait dans l'amitié que cette aimable fille lui témoignait et dans la manière beaucoup plus affable de Maria, la récompense du zèle amical qu'il avait montré, en découvrant et ses chagrins et ses humiliations. Depuis qu'elle savait qu'il était très-sensible, et qu'il avait été malheureux en amour, elle le voyait sous un tout autre point de vue ; il l'intéressait, et Élinor se flattait que cet intérêt s'augmenterait peu à peu. Mais madame Jennings, qui avait mis dans sa tête que ce mariage se ferait au milieu de l'été, trouvait que les choses ne s'avançaient point assez. Le colonel lui paraissait tout aussi grave, tout aussi silencieux qu'à l'ordinaire, malgré les petits encouragemens qu'elle lui donnait en lui disant tous les soirs : Colonel, vous reviendrez demain, n'est-ce pas ? et en jetant un coup-d'œil fin sur la pensive Maria. Malgré tout cela, il ne s'était pas encore adressé à elle pour parler en sa faveur, et n'osa pas s'offrir lui-même. Au bout de quelques jours, elle commença à penser que ce mariage n'aurait lieu qu'en automne, et à la fin de la semaine elle décida qu'il ne se ferait jamais. La bonne intelligence qui régnait entre Élinor et le colonel, et leurs *aparté*, lui persuadèrent qu'il s'était tourné du côté de l'aînée, et que la belle terre de Delafort, le canal, les bosquets et le maître seraient bientôt en sa possession. Edward Ferrars ne paraissait point; Elinor n'en parlait jamais, et madame Jennings l'oublia complétement.

Au commencement de février, quinze jours après la réception de la lettre de Willoughby, Elinor eut la pénible tâche d'apprendre à sa sœur qu'il était marié. Elle avait prié madame Jennings, qui savait tout par madame Palmer, de l'informer dès que la cérémonie aurait eu lieu, pour que Maria ne l'apprît pas par les papiers, qu'elle lisait tous les matins avec empressement.

Elle reçut cette nouvelle avec un calme affecté, auquel on voyait qu'elle s'était préparée. Elle ne fit nulle observation, elle ne versa point de larmes; mais elle s'enferma dans sa chambre toute la matinée, et quand elle en sortit, elle était presque dans le même état que le jour qu'elle reçut la fatale nouvelle.

Les nouveaux époux quittèrent la ville dès qu'ils furent mariés. Elinor fut soulagée de sentir qu'il n'y avait plus de danger de les rencontrer, et que sa sœur, qui n'était pas sortie une seule fois de la maison depuis son chagrin, pourrait au moins prendre l'air, se promener, et revenir, par degrés, à sa vie accoutumée.

Peu de jours après, les deux demoiselles Stéeles arrivèrent chez un de leurs modestes parens, à Holborn ; mais elles n'eurent rien de plus pressé que de se présenter chez leurs connaissances du bon ton, chez leur cousine milady Middleton, et à Berkeleystreet chez leur tante madame Jennings. Elles y furent reçues avec cordialité, quoique la politesse de lady Middleton eût une nuance de protection de plus qu'elle n'avait à Barton. Elinor fut la seule qui dans le fond de son cœur fut fâchée de les voir, la présence de Lucy lui faisait éprouver une véritable peine ; elle ne savait comment répondre à ses exagérations de fausse amitié, qui la rendaient toujours plus méprisable. — J'aurais été désespérée, ma chère miss Dashwood, de ne pas vous trouver *encore* ici, lui disait-elle, en pesant sur ce mot avec emphase ; mais j'avais toujours espéré que vous y *seriez*. J'étais sûre que vous *resteriez* à Londres, au moins tout le mois *de février*, quoique vous m'eussiez *dit* et assuré à Barton que vous repartiriez *plus tôt* ; mais déjà, alors, j'étais convaincue que vous changeriez d'idée. Il aurait été cruel, il est vrai, de partir avant l'arrivée de votre frère, de votre belle-sœur..... et de la *famille*. Actuellement je suis sûre que vous n'êtes pas du tout pressée de vous en aller. Je suis au comble de la joie que vous n'ayez pas tenu *votre parole.*

Elinor la comprit parfaitement, et mit en usage toute la force de son esprit pour qu'elle ne s'en aperçût pas. — Je suppose que vous irez demeurer avec monsieur et madame John Dashwood dès qu'ils seront à la ville, reprit Lucy avec affectation.

— Non, je ne le crois pas, répondit Elinor.

— Et moi j'en suis sûre, il en sera de même que de votre retour à la Chaumière au bout d'un mois. Elinor lui laissa croire ce qu'elle voulait et ne répondit rien.

— Comme c'est délicieux pour vous, chère Elinor, que votre maman vous permette une si *longue* absence et puisse se passer de vous aussi long-temps !

— Aussi long-temps! s'écria madame Jennings; ne dites donc pas cela, Lucy; leur visite ne fait que commencer.

Lucy se tut, avec l'air mécontent.

— Je suis fâchée que nous ne puissions voir votre sœur, dit mademoiselle Anna ; est-ce qu'elle est malade ? On prétend qu'elle a ses raisons, et je les comprends bien. On ne trouve pas facilement un homme tel que M. Willoughby; et c'est vraiment une grande perte. Elle est donc bien désolée, la pauvre Maria?

— Elle le sera certainement, mesdames, de n'avoir pas le plaisir de vous voir, dit Elinor avec une noble simplicité; elle a aujourd'hui un très-grand mal de tête qui la force à garder sa chambre.

— Un mal de tête! quel malheur! je la plains beaucoup, je vous assure; mais ne pourrait-elle voir d'anciennes amies de campagne comme nous, avec qui elle peut ouvrir son cœur en entier? Rien ne soulage mieux : nous allons monter chez elle.

— Je crois, dit Elinor un peu sèchement, que pour la migraine le silence et le repos valent mieux. Elle commençait à les trouver impertinentes, au point qu'elle ne pouvait presque plus se modérer. Lucy lui épargna la peine d'une réprimande; elle en fit une très-sèche à sa sœur aînée sur son manque d'usage et de politesse. Elinor trouva que celle qui grondait aurait mieux encore mérité la semonce, et la vit partir avec plaisir.

## CHAPITRE XXXIV.

Après quelques oppositions, Maria céda aux prières de sa sœur et consentit à sortir un matin avec elle et avec madame Jennings pour une demi-heure. Elle y mit la condition de ne faire aucune visite et d'accompagner seulement sa sœur jusque chez le fameux bijoutier Grays, à *Pakevillestreet*, où Elinor voulait changer quelques vieux diamans de sa mère contre des bijoux plus à la mode.

Quand elles arrivèrent à la porte, madame Jennings se rappela qu'il y avait à l'autre bout de la rue une dame de sa connaissance qu'elle désirait voir, et comme elle n'avait rien à faire chez le bijoutier, elle dit à ses jeunes amies d'entrer sans elle, et qu'elle viendrait les reprendre après avoir fait sa visite.

Elles montèrent : comme ce magasin était à la mode, et qu'on ne pouvait décemment porter un bijou, s'il n'était monté par M. Grays, elles y trouvèrent une telle quantité de monde, qu'il ne leur fut pas même possible de parvenir jusqu'à lui, et qu'il fallut attendre. Elles s'assirent au bout du comptoir, du côté où il y avait le moins de foule. Un homme seul, d'après l'attention qu'il exigeait de l'ouvrier à qui il parlait, commandait sans doute quelque chose de précieux. Elinor espéra que, voyant deux femmes attendre qu'il eût fini, il aurait la politesse de se hâter. Mais après les avoir lorgnées l'une après l'autre avec de très-élégantes besicles attachées à une chaîne d'or de Venise, et les avoir saluées légèrement, il recommença à parler au bijoutier, à lui expliquer dans le plus minutieux détail ce qu'il demandait : c'était une petite boîte à cure-dents pour lui; et jusqu'à ce que la grandeur, la forme, les ornemens fussent expliqués, il s'écoula plus d'un quart d'heure. Il se fit ensuite montrer tous les étuis à cure-dents du magasin, les loua, les dénigra, en parla comme de la chose la plus essentielle, déclara qu'il n'y avait de bien dans ce genre que ce qui sortait de son imagination, et recommença son explication minutieuse. De temps en temps, sa main très-blanche, ornée de quelques bagues de fantaisie, reprenait son lorgnon et le dirigeait négligemment sur les deux sœurs. Il chercha ensuite au milieu de cent breloques qui pendaient à sa montre un cachet emblématique dont la monture était aussi de son imagination. Quoique Elinor n'eût jamais vu un seul des merveilleux petits-maîtres qui viennent étaler leurs grâces dans les magasins, aux ventes, aux promenades, elle comprit que celui-ci en était un. Sa figure, soignée avec toute la recherche et l'extravagance de la mode, aurait été belle s'il en avait été moins occupé ; ses traits étaient réguliers mais complétement insignifians ; ses yeux, grands et d'une belle couleur, n'exprimaient que le contentement de lui-même ; son sourire seul aurait paru assez agréable à Elinor (parce qu'il lui rappelait celui d'Edward), s'il n'avait pas souri continuellement avec affectation, et seulement pour montrer ses belles dents.

Après s'en être amusée un instant, elle le trouva insupportable et sur-tout impoli de faire attendre aussi long-temps des femmes pour un objet peu important, puis de les regarder comme un objet de curiosité. Maria ne savait pas seulement qu'il était là. Pensive, les yeux baissés, elle n'était point dans le magasin de M. Grays, dont le nom, qui avait un léger rapport avec celui de M. Willoughby, avait ramené toutes ses idées de ce côté, et elle ne se doutait pas plus de ce qui se passait autour d'elle que si elle avait été dans sa chambre.

Enfin l'importante affaire de l'étui à cure-dents fut décidée. L'ivoire, les perles, l'or, eurent leur place assignée; et le jeune merveilleux ayant fixé le nombre de jours qu'il pourrait encore vivre sans la possession de sa *délicieuse* boîte, mit ses gants avec soin, fit sonner sa répétition, jeta encore un regard sur les dames, plutôt pour captiver que pour exprimer l'admiration, et sortit avec cet air heureux que donne la persuasion de son mérite.

Elinor le remplaça auprès du bijoutier à la mode, dit ce qu'elle voulait, montra son écrin. Elle était près de conclure son marché lorsqu'un autre gentilhomme entre, s'approche. Elle jette les yeux sur lui; c'était son frère, M. John Dashwood.

Leur reconnaissance, le plaisir qu'ils eurent à se retrouver, firent évènement dans le magasin de M. Grays. John Dashwood, assez bon homme quand il ne lui en coûtait rien et que sa femme n'était pas là, fut réellement bien aise de rencontrer ses sœurs. Il leur témoigna beaucoup d'amitié, s'informa de leur mère, d'Emma, avec respect et tendresse. Elinor lui demanda des nouvelles de Fanny et de son fils. Toute la famille était à la ville depuis deux jours.

— Je désirais hier aller vous faire une visite, dit-il, mais c'était impossible ; mon petit Henri désirait voir les bêtes sauvages, la ménagerie, il a fallu l'y conduire ; le reste du jour s'est passé avec madame Ferrars. Ce matin décidément, je voulais aller en Berkeley-street pour vous voir, si je pouvais disposer d'un moment ; mais ici on n'en trouve point pour faire ce qu'on veut. Je suis venu dans cette maison acheter un collier à Fanny ; elle ne peut sortir avec celui de l'année passée ; mais demain bien certainement, rien ne m'empêchera de me présenter chez votre amie madame Jennings. On m'assure que c'est une femme assez riche et qui a une jolie maison. Et son gendre le chevalier Middleton, et milady Middleton ? cela sonne très-bien, en vérité. C'est votre cousin, n'est-ce pas ? Vous m'y présenterez comme cousin de ma belle-mère. Je dois des respects à un homme de ce rang. Ce sont de bons voisins pour vous, m'a-t-on dit.

— Excellens en vérité ! Leur attention pour notre bien-être en général, leur obligeance en chaque occasion, vont plus loin qu'il n'est possible de l'exprimer.

— Je suis charmé, excessivement charmé

sur ma parole! mais cela doit être ainsi; ils sont vos parens, ils sont très-riches. Vous devez vous attendre à tout ce qu'ils peuvent faire pour rendre votre situation plus agréable. Ainsi vous êtes commodément établies dans votre ermitage, et vous n'y manquez de rien. Edward nous en a parlé avec enthousiasme; c'est, assure-t-il, ce qu'il a vu de plus délicieux dans ce genre; et vous avez, à tout égard, au-delà de ce qu'il faut. Nous avons éprouvé une grande satisfaction, je vous assure, en apprenant que des parens qui ne vous connaissaient point se conduisaient si bien avec vous, et que vous ne manquiez de rien.

Elinor était honteuse, non pas pour elle, mais pour son frère, et ne fut pas fâchée d'être dispensée de lui répondre, par l'arrivée du domestique de madame Jennings, qui vint avertir ces dames que sa maîtresse les attendait à la porte. M. Dashwood les accompagna et fut présentée à madame Jennings à la portière du carrosse. Elle l'invita cordialement à venir souvent voir ses sœurs. Il le promit, et les quitta; il vint en effet le lendemain. Madame Jennings s'attendait aussi que madame John Dashwood l'accompagnerait; Elinor en doutait, et Maria plus encore. Celle-ci la connaissait trop bien pour rien attendre d'elle. En effet, leur frère vint seul, et dit pour excuse qu'elle était toujours avec sa mère et n'avait pas un instant de libre. Madame Jennings, trop bonne femme pour être exigeante, lui assura qu'entre amis on était sans cérémonie, que l'amie de ses belles-sœurs devait être aussi celle de sa femme, et qu'elles iraient la voir les premières. M. Dashwood fut amical avec ses sœurs, excessivement poli avec madame Jennings, et un peu en peine de savoir comment il fallait être avec le colonel Brandon, qui vint quelques momens après lui. Il lui fut présenté sous son nom et sous son titre. Madame Jennings y joignit celui d'*ami* de la maison ; mais cela ne suffisait pas à M. John Dashwood pour régler le degré de politesse. Il fallait savoir au juste combien il avait de revenu : aussi se contenta-t-il de le regarder avec curiosité, et d'être honnête de manière à pouvoir ensuite l'être plus ou moins, suivant l'importance de ses rentes.

Après être resté une demi-heure, il se leva et pria Elinor de venir avec lui à Conduit-street, pour l'introduire chez sir Georges et lady Middleton. Le temps était beau ; elle y consentit, et prit le bras de son frère. A peine furent-ils dehors de la maison, qu'il lui demanda : Qui est donc ce colonel Brandon, Elinor ? a-t-il de la fortune ?

— Oui, il a une belle terre en Dorsetshire.

— J'en suis charmé, reprit M. Dashwood. Il a très-bon ton cet homme-là. Je lui crois un excellent caractère, et d'après la manière dont il vous a saluée, je pense que je puis vous féliciter sur l'espoir d'un bon établissement.

— Moi ! mon frère ! que voulez-vous dire ?

— Il vous aime ; cela n'est pas douteux. Je l'ai bien observé, et j'en suis convaincu. A combien monte sa fortune ?

— On dit qu'il a deux mille pièces de revenu.

— Deux mille pièces ! Je voudrais de tout mon cœur, ma chère Elinor, dit-il avec un air de générosité, comme si son souhait était un présent, je voudrais qu'il en eût le double.

— Je vous en remercie pour lui, dit Elinor en riant ; mais pour moi cela m'est assez égal. Je suis très-sûre que le colonel Brandon n'a pas la moindre envie de m'épouser.

— Vous vous trompez, Elinor, vous vous trompez beaucoup ; avec un peu de soins, vous vous assurez cette conquête. Peut-être n'est-il pas encore décidé ; votre peu de fortune peut le faire balancer. Sans doute sa famille est contre vous; c'est tout simple, et cela doit être ainsi. Mais quelques-uns de ces petits encouragemens que les jolies femmes savent si bien donner, le décideront en dépit de lui-même; et je ne vois aucune raison qui puisse vous en empêcher. Je n'imagine pas qu'un premier attachement de votre côté puisse influer. Vous n'êtes pas romanesque, vous, Elinor..... et en un mot vous savez fort bien qu'un attachement de cette nature est hors de la question..... Vous avez assez d'esprit pour me comprendre et assez de raison pour sentir qu'il y a des obstacles insurmontables. Non, non, le colonel Brandon, voilà celui sur lequel vous devez jeter vos vues; et de ma part aucune politesse, aucune attention ne sera épargnée pour qu'il se plaise avec vous et votre famille. Je l'inviterai à dîner au premier jour, je vous le promets. C'est une affaire qui nous donnerait à tous une vraie satisfaction. Vous devez sentir, dit-il en baissant la voix d'un air important, que cela ferait plaisir à tout le monde.... Toute ma famille désire excessivement, Elinor, de vous voir bien établie. Fanny particulièrement a votre intérêt à cœur, je vous assure, et sa mère aussi, madame Ferrars, qui ne vous connaît pas encore, mais qui a souvent entendu parler de vous et qui est une très-bonne femme. Elle disait l'autre jour qu'elle donnerait tout au monde pour vous voir bien mariée.

— A tout autre qu'à son fils, pensa Elinor sans le dire. Pauvre dame Ferrars ! ce n'est pas moi qui vous donnerai du chagrin !

— Vous ne répondez pas, reprit M. Dashwood ; vous êtes convaincue, je le vois ; et l'affaire ira. Ce serait une chose très-remarquable, très-plaisante d'avoir deux noces en même temps dans la famille et que Fanny mariât son frère et moi ma sœur ; cela n'est pas impossible.

— Est-ce que M. Ferrars doit se marier ? demanda Elinor avec fermeté.

— Cela n'est pas encore conclu, répondit-il ; mais il en est fort question. Il a une si excellente mère ! Madame Ferrars, avec une libéralité que l'on voit rarement chez une femme aussi riche, lui donne mille livres sterling par année, en faveur de ce mariage. Aussi est-ce un parti qu'il ne faut pas laisser échapper : c'est mademoiselle Morton, la fille unique de feu lord Morton, qui aura, le jour de son mariage, trente mille pièces. Edward, comme vous le savez, est très-aimable ; il a un bon caractère, tout ce qu'il faut pour rendre une femme très-heureuse. Ainsi c'est un mariage très-sortable des deux côtés, et qui se fera sûrement. Edward doit à sa mère de n'y mettre aucun obstacle. Une mère qui se prive pour son fils d'un revenu de mille pièces, c'est superbe! Il lui en reste encore deux mille; mais elle a deux autres enfans, Fanny et Robert. Elle ne les oublie pas non plus; elle est si généreuse, si noble! l'autre jour, quand nous arrivâmes à la ville, pensant qu'un peu d'argent nous ferait plaisir, elle glissa dans la main de Fanny un billet de banque de deux cents pièces. Jugez comme cela venait à propos!

— Est-ce que vous auriez fait quelque perte d'argent, dit Elinor, essuyé quelque banqueroute?

— Non, non, rassurez-vous; je ne place mon argent qu'en lieu sûr : il n'y a rien à craindre. Mais mon Dieu! dans ces temps-ci on a tant de dépenses à faire, et qui s'augmentent quand on vient à Londres! Voyez; il faut un collier neuf à Fanny. Elle donnera bien le vieux en paiement; mais il y a toujours la façon. Je veux aussi vous donner, mes chères sœurs, à chacune une petite paire de boucles d'oreilles. Quand nous retournerons chez Grays vous choisirez. Vous n'en achetiez pas ce matin, j'espère? Il serait piquant que vous m'eussiez prévenu.

— Non, non, mon frère, rassurez-vous; nous n'en avons pas besoin. Notre bonne maman a voulu absolument nous donner quelques-uns de ses bijoux, plus que nous n'en voulions; et je les faisais remonter. — Bien, fort bien, j'en suis charmé; c'est très-bien fait. Quel besoin en a-t-elle à la campagne? Enfin vous avez vu ma bonne volonté. J'ai promis à mon père, à ses derniers momens, d'avoir soin de vous. On ne manque pas à une parole de cette espèce; et vous auriez eu déjà quelques petits présens de ma part, si je n'avais pas eu de grandes dépenses à faire à Norland.

— A Norland! avez-vous fait des changemens?

— Oui, quelques-uns; d'abord des emplètes considérables de linge, de porcelaines, de meubles pour remplacer ceux que notre respectable père a légués à votre mère. Je ne m'en plains pas, il avait bien le droit de les donner à qui il voulait. Mais enfin il a fallu beaucoup d'argent pour ces emplètes; et pour y suppléer j'ai coupé l'avenue des grands ormes et beaucoup éclairci le bois de chêne; j'ai fait ôter tous ces vieux arbres que Maria trouvait si beaux. Vous ne sauriez croire comme c'est plus joli à présent que tout est découvert. J'ai vendu tous ces bois : n'ai-je pas bien fait, Elinor? qu'en dites-vous?

Elinor ne répondait pas ; elle était en idée sous ces beaux ombrages qui n'existaient plus. Pauvre Maria, pensait-elle, tu perds à-la-fois tout ce que ton cœur aimait! Il trouvera encore des soupirs, ce pauvre cœur, pour les vieux arbres de Norland.

— Vous avez aussi agi très-prudemment, continua John Dashwood, en vous liant avec cette madame Jennings. Sa maison est convenablement meublée ; son équipage annonce qu'elle est très-bien dans ses affaires ; et c'est une connaissance qui peut vous être très-utile pour le présent et pour l'avenir. Son invitation prouve combien elle vous aime : car enfin deux personnes de plus dans un ménage sont quelque chose. Mais, à la manière dont elle parle de vous, je parie qu'elle ne s'en tiendra pas là, et qu'à sa mort vous ne serez pas oubliées. Elle laissera sûrement quelque bonne somme, et j'en suis charmé pour vous.

— Je crois, dit Elinor, qu'elle ne laissera que ce qui doit revenir à ses enfans.

— Bon ! bon ! moi je suis sûr qu'elle fait des épargnes et qu'elles seront pour vous. Ne m'a-t-elle pas dit : *vos sœurs remplacent mes filles:* n'était-ce pas clair ? Qu'avez-vous à dire à cela ?

— Nous les remplaçons dans leurs chambres, et rien de plus. Elle aime beaucoup ses filles, ses petits-enfans, et ne leur préférera pas des étrangères ; cela ne serait ni juste ni naturel.

— Ses filles sont très-bien mariées ; et je ne vois pas la nécessité de leur donner plus qu'il ne leur revient de droit. Ses bontés inouies pour vous vous donnent lieu de prétendre à un bon legs après elle ; ce serait vous tromper que d'en agir autrement.

— Nous ne demandons que son amitié, dit Elinor ; pardonnez, mon frère, si je vous avoue que votre intérêt pour notre prospérité va beaucoup trop loin.

— Non, non, pas du tout. J'ai promis à notre bon père de m'intéresser à vous dans toutes les occasions, et rien n'est plus juste. Mais, ma chère Elinor, parlons d'autre chose. Qu'est-ce qu'a donc Maria ? Elle n'est plus la même ; elle a perdu ses belles couleurs ; elle a maigri ; ses yeux sont battus ; elle n'a plus de gaîté, de vivacité ; est-elle malade ?

— Elle n'est pas bien; elle a, depuis quelques semaines, des maux de nerfs et de tête.

— J'en suis fâché, très-fâché ! Dans la jeunesse, il suffit d'une maladie pour détruire la fleur de la beauté ; et voyez combien il faut peu de temps ! En septembre passé, elle quitta Norland, c'était la plus belle fille qu'on pût voir. Elle avait précisément ce genre de beauté qui plaît aux hommes et les attire. Je pensais aussi qu'elle trouverait bientôt un bon parti. Je me rappelle que Fanny disait souvent que quoiqu'elle fût votre cadette, elle se marierait plus tôt et mieux que vous. Elle s'est trompée cependant : c'est tout au plus à présent, si Maria trouve un parti de cinq ou six cents pièces de rente ; et vous, Elinor, vous allez en avoir un de deux mille.... en Dorsetshire... dites-vous... Je connais peu le Dorsetshire, mais je me réjouis beaucoup de voir votre belle terre. Dès que vous y serez établie, vous pouvez compter sur la visite de Fanny et sur la mienne. Nous serons charmés de passer là quelque temps avec vous et le bon colonel.

Elinor s'efforça très-sérieusement de lui ôter l'idée que le colonel songeât à l'épouser ; mais ce fut en vain. Ce projet lui plaisait trop pour qu'il y renonçât. Il persista à dire qu'il ferait tout ce qui dépendait de lui pour décider la chose, qui était déjà bien commencée ; que dès le lendemain il irait voir le colonel, et lui ferait un bel éloge d'Elinor. Ce pauvre John Dashwood ! il avait justement assez de conscience pour sentir qu'il n'avait point rempli ses promesses à son père relativement à ses sœurs, et pour désirer que le colonel Brandon et madame Jennings voulussent bien les dédommager de sa négligence.

Ils eurent le bonheur de trouver lady Middleton chez elle, et sir Georges rentra bientôt après. Elinor présenta son frère, et des deux côtés l'on se fit beaucoup de civilités. Sir Georges était toujours prêt à aimer tout le monde ; et quoique M. Dashwood ne s'entendît ni en chevaux ni en chiens, il promettait d'être un assez bon convive. Lady Middleton trouva sa tournure élégante, son ton parfait, parce qu'il avait admiré son salon, et M. Dashwood fut enchanté de tous les deux.

— Quel charmant récit j'aurai à faire à Fanny de ma matinée, dit-il à sa sœur en la ramenant chez madame Jennings, et comme elle en sera contente ! Il n'y a que la santé de la pauvre Maria ; mais elle se remettra. Lady Middleton est une femme charmante, tout-à-fait dans le genre de Fanny. Elles se conviendront à merveille, j'en suis sûr ! et sir Georges est très-aimable. Il donne souvent à manger, n'est-ce pas? Il y a chez lui des assemblées, des fêtes? Il m'a invité. C'est une bonne connaissance à faire, et je vous en remercie, Elinor. Votre madame Jennings est aussi une excellente femme, quoique moins élégante que sa fille; mais aussi n'est-elle pas lady. J'espère bien cependant que votre belle-sœur n'aura plus aucun scrupule de la voir : car je vous confesse à présent que c'est pour cela qu'elle n'est pas venue avec moi ce matin. Nous savons qu'elle est veuve d'un homme qui s'est enrichi dans le commerce; et ni madame Dashwood ni madame Ferrars ne se souciaient de voir cette famille. Mais cela changera quand je leur dirai comme elle a l'air opulent. Le salon de lady Middleton est plus orné que le nôtre; je crains seulement un peu que Fanny ne veuille l'imiter. Mais enfin ils sont riches, très-aimables, et j'espère que nous nous verrons souvent. Ils étaient devant la maison de madame Jennings, ils se séparèrent.

## CHAPITRE XXXV.

Madame Fanny Dashwood avait une telle confiance dans le jugement de son mari, que dès le jour suivant elle vint en personne faire visite à madame Jennings et à lady Middleton. Cette confiance ne fut pas trompée. La vieille amie de ses belles-sœurs, quoique un peu commune, lui plut assez par ses prévenances; lady Middleton l'enchanta complétement par son bon ton et son élégance. Cet enchantement fut réciproque. Il y avait entre ces deux femmes une sympathie de froideur de cœur, de petitesse d'esprit, qui devait nécessairement les attirer l'une vers l'autre. Elles avaient la même insipidité dans la conversation, la même nullité d'idées. Seulement Fanny avait un fonds d'avarice et d'envie qui se manifestait en toute occasion, et lady Middleton une indifférence parfaite pour tout le monde, excepté pour ses enfans. Madame Dashwood lui plut mieux qu'une autre femme, sans qu'elle eût pu dire pourquoi. Mais ce n'était pas de l'amitié, elle en était incapable. Fanny ne réussit pas aussi bien auprès de madame Jennings, qui lui trouva l'air fier, impertinent, et qui vit qu'elle ne faisait aucuns frais pour plaire; qu'elle n'avait rien d'aimable ni d'affectueux, même avec ses charmantes belles-sœurs, à qui elle parlait à peine; elle remarqua qu'elle ne s'informait point de la santé de Maria, qu'elle devait trouver changée. En effet, elle ne disait rien à Elinor, ne témoignait aucun intérêt pour leurs plaisirs, leur demandait à peine d'un air glacé, et sans écouter la réponse, des nouvelles de leur mère. Elle ne fut avec elles qu'un quart d'heure, et resta au moins sept minutes en silence. La bonne et vive madame Jennings en fut indignée, et ne se gêna pas pour le dire lorsque Fanny fut partie. Elinor aurait fort désiré d'apprendre d'elle si Edward était à Londres. Mais Fanny n'avait garde de prononcer devant elle le nom de son frère, jusqu'à ce que le mariage de l'un avec miss Morton, et de l'autre avec le colonel Brandon les eût séparés à jamais. Elle les croyait encore trop attachés l'un à l'autre pour ne pas trembler tant qu'ils seraient libres, et son étude continuelle était de chercher à les éloigner de toutes manières. Elle ne parla donc point de son frère. Mais Elinor apprit d'un autre côté ce qu'elle voulait savoir. Lucy vint réclamer sa compassion sur le malheur qu'elle éprouvait de n'avoir point vu encore son cher Edward, quoiqu'il fût venu à Londres avec M. et madame Dashwood pour se rapprocher d'elle. Mais il n'osait venir la voir chez ses parens d'Holborn, qui ne le connaissaient point ; et malgré leur mutuelle impatience, tout ce qu'ils pouvaient faire pour le moment, c'était de s'écrire tous les jours.

Elinor, qui ne pouvait se fier tout-à-fait à la véracité de Lucy, et qui voyait le but de ses confidences, doutait encore; mais elle ne tarda pas d'avoir la conviction qu'Edward était véritablement à la ville. Deux fois, en rentrant à la maison, elle y trouva sa carte. Par une contrariété naturelle au cœur humain, elle fut bien aise qu'il eût pensé à venir, et plus aise encore de n'y avoir pas été.

M. John Dashwood ne perdait pas de vue le mariage supposé de sa sœur aînée avec le colonel Brandon ; ainsi qu'il l'avait dit, il voulut l'inviter à dîner chez lui. Il ne fallait pas moins qu'un motif de cette importance pour les décider lui et sa femme à cette dépense. Fanny y consentit cette fois, dans l'espoir qu'Elinor en épouserait un autre que son frère, et pensant qu'elle serait invitée à son tour aux fêtes de sir Georges, à ses dîners, qui étaient en grande réputation, tant pour le talent de son cuisinier que par l'élégance du service : c'était donc semer pour recueillir. En effet, peu de jours après que la connaissance fut faite, on reçut une invitation en forme pour dîner le jeudi suivant chez madame John Dashwood à Harleystreet, où ils avaient loué pour trois mois une jolie maison. Ses deux belles-sœurs, madame Jennings, les Middleton et M. Palmer acceptèrent. Charlotte, sur le point d'accoucher, ne sortait plus. Le colonel Brandon fut surpris d'être du nombre des convives, ne connaissant pas du tout madame Dashwood et n'ayant vu qu'un instant son mari, qui ne lui avait fait qu'un accueil demi-poli; mais il aimait trop à être avec mesdemoiselles Dashwood pour en refuser l'occasion. Madame Ferrars devait aussi en être; mais on ne nomma point ses fils, et Elinor n'osa s'informer s'ils y seraient. Quelques mois auparavant, elle aurait été vivement émue de la seule pensée de se rencontrer avec la mère d'Edward et de lui être présentée; actuellement elle pouvait la voir, relativement à elle-même, avec une complète indifférence; elle le croyait du moins, et rejeta entièrement sur la curiosité l'intérêt qu'elle mettait à la connaître. Cet intérêt, mais non son plaisir, acquit un degré de plus en apprenant que Lucy Steeles serait aussi de la partie. D'après ce qu'elle savait de la hauteur de madame Ferrars, la bonne Elinor, sans aimer Lucy, ne pouvait s'empêcher de la plaindre d'avance de la manière dont elle en serait traitée, ce qui devait lui être d'autant plus sensible, qu'elle s'y était volontairement exposée. Dès que celle-ci apprit ce dîner, elle se hâta de rappeler une invitation assez vague que lady Middleton avait faite aux deux sœurs Steeles lorsqu'elles se séparèrent à Barton, de passer une quinzaine de jours chez elle à Londres. Lady Middleton l'avait oubliée; mais l'adroite Lucy porta à la petite Sélina un joli panier plein de bonbons, et lui souffla de demander à sa maman que ses bonnes amies Steeles vinssent demeurer avec elle. Les demandes de Sélina n'étaient jamais refusées; une heure après, la voiture de lady Middleton arriva à Holborn, avec une prière instante aux demoiselles Steeles de se rendre sans délai aux désirs de Sélina, avant que la charmante petite pleurât; ce qui lui faisait un mal affreux. Une fois établies chez leurs nobles parens, elles devaient être invitées avec eux, et elles avaient un droit de plus de l'être chez madame Dashwood, à qui elles n'étaient pas entièrement inconnues, au moins de nom, puisque leur oncle avait été instituteur de son frère. Mais il suffisait qu'elles fussent logées chez lady Middleton, et qu'elle les protégeât, pour être bien reçues. Lucy était au comble de la joie ; elle allait enfin être introduite dans cette famille, qui devait être un jour la sienne. Elle pourrait satisfaire sa curiosité, examiner, juger des difficultés qu'elle aurait à surmonter, avoir une occasion de lui plaire. Elle n'avait pas encore éprouvé dans sa vie un aussi grand plaisir qu'en recevant la carte de madame Dashwood. Mais ce plaisir aurait été diminué de moitié si elle n'eût joui d'avance du chagrin de sa rivale ; elle se hâta d'aller lui faire part de son bonheur. Elinor eut beaucoup de peine à lui cacher ce qu'elle ressentait, et n'y réussit peut-être pas, car la joie de Lucy augmenta en voyant un nuage sur le front d'Elinor, lorsqu'elle lui dit qu'Edward y serait sûrement : à moins, ajouta-t-elle, qu'il ne craigne de se trahir. Il lui était impossible, lorsque nous étions ensemble, de cacher l'excès de son affection, et cette raison l'empêchera peut-être d'y venir. Quelque cruel que fût ce motif pour la pauvre Elinor, elle en désirait au moins l'effet. Voir Edward pour la première fois depuis leur séparation, et le voir avec Lucy ! Elle croyait à peine pouvoir supporter son aspect.

Ce jeudi si désiré, si redouté, qui devait mettre les deux jeunes rivales en présence de la future belle-mère, arriva. Elinor avait acheté la veille une charmante toque en fleurs avec des plumes blanches, dont elle voulait se parer ce jour-là. Lucy, qui venait continuellement chez madame Jennings pour y voir sa *chère* amie, se trouva là quand on l'apporta. Elinor l'essaya. Elle lui seyait à ravir, et malgré toute sa raison, elle ne fut point fâchée de le trouver elle-même. Le jeudi matin, Lucy arriva, plus caressante, plus tendre qu'à l'ordinaire. Elle avait honte, dit-elle, de ce qu'elle venait lui demander; mais sa chère Elinor était si fort au-dessus de ces bagatelles; elle avait si peu besoin de parure ; elle était si indifférente sur ce moyen de plaire, en ayant tant d'autres; et pour cette grande occasion il était si essentiel à Lucy de les employer tous ! Elle devait à Edward de se faire aussi jolie que possible la première fois qu'elle paraissait devant sa mère. Si Edward lui-même s'y trouvait, c'était un motif de plus qu'Elinor devait comprendre. Elle espérait donc de sa complaisance, de son amitié, qu'elle voudrait bien renoncer à la jolie toque qui la coiffait si élégamment, et la lui prêter. Elle avoua en rougissant qu'elle n'était pas assez en fonds dans ce moment pour s'en acheter une semblable, et, ajouta-t-elle, j'ai compté sur la bonté de ma *chère* Elinor; car sans cela j'eusse demandé une semblable toque à crédit. Mademoiselle Dashwood frémit en pensant qu'elle avait failli arriver au dîner coiffée exactement comme Lucy, et se trouva heureuse de lui céder une si jolie toque, qu'elle regrettait bien un peu.... Cette dernière s'en empara bien vite, également enchantée qu'elle fût sur sa tête et non sur celle d'Elinor. Bon Dieu! ma chère, lui dit-elle, plaignez-moi, je vous en conjure! Vous seule saurez ce que je souffre. A peine puis-je marcher tant je suis émue en pensant que, dans quelques heures, je verrai la personne dont tout mon bonheur dépend, celle qui doit être ma mère! Mettez-vous à ma place... mais c'est impossible; il faut aimer Edward comme je l'aime pour comprendre l'état où je suis.

Elinor aurait pu diminuer cette émotion ou la faire changer de nature, en lui disant que vraisemblablement c'était la belle-mère de miss Morton plutôt que la sienne, qu'elle allait voir. Elle ne le dit pas ; mais elle lui assura avec tant de sincérité qu'elle la plaignait infiniment, que Lucy en fut presque piquée. Elle espérait être pour mademoiselle Dashwood un objet d'envie plutôt que de compassion.

Enfin elles arrivèrent chez madame John Dashwood. Sa mère, au haut bout du salon, étalait dans un grand fauteuil sa chétive personne, et saluait à peine avec un air de protection. Elle était petite, maigre, se tenait extrêmement droite, avait de la raideur dans tous ses mouvemens ; sa physionomie était sombre ou du moins très-sérieuse ; elle ne se permettait de sourire que lorsqu'un sarcasme sortait de sa bouche ; son teint était brun tirant sur le jaune ; ses traits assez petits et sans beauté. Une contraction habituelle de ses sourcils empêchait sa physionomie d'être complétement insignifiante, mais lui donnait en échange une forte expression d'orgueil et même de méchanceté. Elle ne parlait pas beaucoup, contre sa règle générale ; elle proportionnait le nombre de ses paroles à celui de ses idées, et dans le peu de syllabes honnêtes qui lui échappèrent à l'arrivée des hôtes de sa fille, qui lui furent présentés, il n'y en eut pas une seule adressée aux demoiselles Dashwood, qu'elle regardait intérieurement avec dédain et malveillance.

Cette conduite ne pouvait plus influer sur le bonheur d'Elinor. Peu de mois auparavant, elle en aurait été excessivement blessée, affligée; mais il n'était plus au pouvoir de madame Ferrars de produire cet effet sur elle; et la différence de sa manière avec les demoiselles Steeles, dont le seul but était d'humilier encore mesdemoiselles Dashwood, l'amusa au contraire beaucoup. Elle ne pouvait s'empêcher de sourire de l'air affable et presque amical avec lequel la mère et la fille distinguèrent Lucy sur-tout, et des peines que celle-ci se donnait pour leur plaire, peines qui allaient jusqu'à la bassesse. Madame Ferrars avait un vieux petit bichon, seul être qu'elle pût aimer et qui ne la quittait point. Lucy le caressait exactement comme elle caressait Sélina Middleton. Elle s'extasiait sur cette charmante petite créature, allait lui ouvrir la porte s'il voulait sortir, et l'attendait pour le rapporter à sa maîtresse. Elle admirait l'éclat du beau satin cramoisi de la robe de madame Ferrars et la beauté de ses points. Elle allait chauffer le

coussin qui était sous les pieds de cette dame.
Quand lady Middleton s'éloignait un peu, elle
déclarait que madame John Dashwood était la
plus belle femme qu'elle eût vue de sa vie, et
qu'elle ressemblait beaucoup à sa mère, etc.
Enfin, à force de flatteries, elle se rendit si
agréable à l'une et à l'autre, que madame Ferrars, qui ne s'humanisait jamais avec ceux
qu'elle regardait comme ses inférieurs, lui
adressa quelques mots obligeans, déclara que
ces jeunes miss Steeles avaient le ton de la
meilleure éducation, et que bien des demoiselles qui se croyaient des modèles n'en approchaient pas. Elle lança en même temps un
regard sur Elinor, qui riait en elle-même en
voyant combien la faveur et les grâces de madame Ferrars étaient mal placées, et en songeant qu'elles se changeraient promptement en
fureur, si elle se doutait que cette jeune audacieuse, qu'elle trouvait si aimable, si séduisante, parce qu'elle n'était pas Elinor, pensait à épouser son fils. Fanny faillit à lui en
donner l'idée : Mesdemoiselles Steeles, dit-elle à sa mère, sont les nièces de M. Pratt,
chez qui Edward a étudié. — Vraiment! dit
madame Ferrars en relevant le sourcil; vous
connaissez donc mon fils? — Très-peu, ma-

dame, dit Lucy avec assurance, nous ne demeurons pas auprès de mon oncle. — Tant mieux pour vous, dit madame Ferrars avec humeur ; il n'entend rien à l'éducation. Lucy redoubla ses flatteries, qui lui réussirent de nouveau. Elle était au troisième ciel, en se voyant ainsi distinguée, et ne daignait plus parler à Elinor. La grosse Anna même se rengorgeait avec fierté, en pensant qu'elle était la sœur de la future belle-fille de madame Ferrars.

Maria était encore plus rêveuse, plus silencieuse qu'à l'ordinaire. A sa tristesse habituelle se joignait le chagrin qu'elle supposait à Elinor de ne pas voir Edward, et celui qu'elle en ressentait elle-même. Elle l'aimait déjà comme un frère favori, et bien plus que celui qu'elle tenait de la nature. L'homme qui devait faire le bonheur de sa chère Elinor était au premier rang dans son cœur. Elle était venue presque avec plaisir à ce dîner, malgré son aversion pour la plupart des convives, dans l'unique espoir de voir Edward, et cet espoir était trompé : Edward n'y était pas. Elle regardait sa sœur avec un étonnement douloureux, et ne pouvait comprendre qu'elle eût la force de supporter une mésaventure aussi cruelle. Le colonel Brandon, placé entre les deux sœurs, se serait trouvé fort heureux, si la politesse fastidieuse du maître et de la maîtresse de la maison lui avait laissé le temps d'en jouir. Les meilleurs mets, les meilleurs vins lui étaient adressés. M. Dashwood lui demandait son opinion sur tout, et s'y rangeait à l'instant. Dès qu'il y avait un moment de silence entre lui et ses voisines, il disait à ses sœurs : Allons, mesdemoiselles, parlez à votre aimable voisin ; ne souffrez pas qu'il s'ennuie. On aurait dit que la fête était pour lui seul, et il ne pouvait comprendre le but des prévenances qui le fatiguaient. Le dîner était magnifique, ainsi que les donnent ceux qui invitent rarement ; le nombre des plats, celui des laquais contrastaient avec cette pauvreté dont il s'était plaint à sa sœur. Elle ne se faisait sentir que dans la conversation. Mais il est vrai que de ce côté-là le déficit était considérable, tant chez les maîtres du logis que chez la plupart des convives : manque de raison, d'esprit, soit naturel, soit cultivé ; manque de goût, de gaîté, enfin de tout ce qui rend un repas agréable.

Quand les dames, suivant l'usage, se retirèrent après dîner pour le café, cette pauvreté fut encore plus en évidence. Les hommes mettaient au moins quelque variété dans le discours, quelques mots de politique, de chasse, d'agriculture ; mais il n'en fut plus question. On avait épuisé avant dîner l'article des meubles et des parures. A la grande satisfaction de Lucy, sa toque avait été fort admirée, et la simple coiffure d'Élinor, qui n'était que ses jolis cheveux bruns retenus par un fil de perles, regardée avec dédain ; en sorte qu'après une longue digression sur la bonté du café, le seul sujet d'entretien fut de comparer la grandeur de Henri Dashwood et celle de Williams, le second fils de lady Middleton, qui étaient à-peu-près du même âge. Si les enfans avaient été là, la question aurait été promptement décidée en les mesurant ; mais il n'y avait que Henri, et il fallut s'en rapporter à l'opinion des témoins. Celle des demoiselles Steeles, qui passaient leur vie avec les petits Middleton, fut sur-tout demandée par leur mère, et de cette manière qui veut dire : Décidez en ma faveur. N'est-ce pas, Lucy, que Williams a au moins deux doigts de plus que Henri Dashwood ? Lucy fut très-embarrassée. A qui allait-elle faire sa cour ? Enfin l'amour l'emporta sur l'amitié, et après avoir un peu hésité, elle dit qu'elle croyait...... qu'il lui semblait que M. Henri avait quelques lignes de plus. Lady Middleton exprima par un regard son mécontentement; mais Lucy fut dédommagée par un doux sourire de la sœur d'Edward. Elinor trouva sa flatterie d'autant plus méprisable, qu'il était évident que Williams était beaucoup plus grand que son neveu; elle le dit quand on lui demanda son avis. Fanny et Madame Ferrars répondirent avec aigreur qu'elle se trompait, et Maria déplut à tout le monde en disant qu'elle n'y avait fait nulle attention. Bientôt une autre bagatelle mit en scène sa vivacité de sentiment et l'irritabilité de ses nerfs.

Avant de quitter Norland, Elinor avait peint à sa belle-sœur de charmans écrans de cheminée; ils venaient d'être montés dans le dernier goût. Les hommes étaient rentrés au salon et entouraient le feu. John Dashwood, allant toujours à son but, en prit un et le montra au colonel.

— Voyez, lui dit-il, c'est ma sœur Elinor qui a peint cela; vous qui êtes un homme de goût, vous les admirerez. Je ne sais si vous connaissez son talent pour le dessin; elle passe généralement pour en avoir beaucoup.

Le colonel, sans être grand connaisseur en

peinture, les admira infiniment. La curiosité générale fut excitée, et les écrans passèrent de main en main. Lorsqu'ils furent dans celles de madame Ferrars, qui ne s'y entendait pas et ne pouvait se résoudre à louer Elinor, elle les fit passer à sa voisine sans dire un seul mot d'éloges. — Ils sont peints par mademoiselle Dashwood l'aînée, ma mère, dit Fanny; ne les trouvez-vous pas très-jolis ? Elinor, surprise de la courtoisie de sa belle-sœur, lui en savait gré; mais sa reconnaissance ne fut pas de longue durée. Fanny ajouta : Regardez-les, maman, voyez si ce n'est pas à-peu-près le même genre de dessin que ceux de mademoiselle Morton; mais celle-ci peint encore plus délicieusement. Le dernier paysage qu'elle a fait est vraiment très-remarquable. — Extrêmement beau, dit madame Ferrars; elle excelle dans tout ce qu'elle fait, et rien ne peut lui être comparé; mais aussi elle a une éducation si brillante, tant de talens naturels !

Maria, la sensible, la vive Maria ne put supporter ce qu'elle regarda comme un outrage à sa sœur; elle était déjà très-irritée du ton et de la manière de madame Ferrars; mais de tels éloges donnés à une autre aux dépens d'Elinor provoquèrent son ressentiment. Quoiqu'elle n'eût encore aucune idée des projets sur mademoiselle Morton, mais cédant, comme à son ordinaire, à son premier mouvement, elle dit avec vivacité : Voilà, en vérité, une singulière manière de voir et d'admirer les ouvrages de ma sœur ! En faire un objet de comparaison pour les rabaisser, c'est du moins peu obligeant. Qui est cette demoiselle Morton à qui personne ne peut être comparé ? A propos de quoi est-il question d'elle et de ses talens ? Qui intéresse-t-elle ici ? Et mon Elinor nous intéresse tous. Alors prenant les écrans de la main de sa belle-sœur et les montrant encore au colonel : Il faut, dit-elle, n'avoir pas le moindre goût, le moindre sentiment du beau pour ne pas les admirer, et pour penser à autre chose quand on les voit.

Madame Ferrars rougit de colère ; ses petits yeux s'enflammèrent ; ses sourcils s'élevèrent d'un demi-pouce et se touchèrent. — Je croyais, dit-elle, que tout le monde ici savait que miss Morton est la fille de feu lord Morton ; j'oubliais que mesdemoiselles Dashwood ne sont jamais venues à Londres et ne peuvent connaître le grand monde.

Fanny avait aussi l'air très-courroucé, et son mari était tout effrayé de l'audace de Maria. Il s'approcha d'elle, la mena dans l'embrasure de la fenêtre, et lui dit à voix basse : Est-ce qu'Elinor ne vous a pas dit qu'Edward doit épouser miss Morton ? Vous auriez mieux fait de vous taire. — Edward épouser miss Morton ! s'écria Maria ; jamais, jamais, c'est impossible ! Et poussée par son sentiment pour sa sœur chérie, ainsi méprisée et rejetée par toute une famille qui devait l'adorer, elle vint s'asseoir à côté d'elle, passant un bras autour de son cou ; et posant sa joue contre la sienne, elle lui dit à l'oreille : Chère Elinor, ne souffrez pas que de telles gens aient le pouvoir de vous rendre malheureuse ; ne craignez rien, Edward ne pense pas ainsi. Je le connais, j'ose vous répondre de sa fidélité ; en dépit d'eux, de leurs projets, il n'aime, il n'épousera que vous.

Elinor, touchée de l'affection de sa sœur, mais désolée des preuves qu'elle lui en donnait dans ce moment, la conjura de se calmer, de se taire, tandis qu'elle-même pouvait à peine retenir les larmes qui remplirent ses yeux au propos de Maria. Celle-ci les sentit sur sa joue : Tu pleures ! lui dit-elle. Les méchans font pleurer mon Elinor ! Alors elle fondit en larmes. L'attention de chacun fut excitée : tout le monde eut l'air consterné. Le colonel Brandon, qui, depuis le commencement de cette scène, avait eu les yeux attachés sur Maria, l'admirait bien plus qu'il ne la blâmait. Ce cœur si brûlant, cette sensibilité si active pour ceux qu'elle aimait autant que pour elle-même, l'attachaient toujours davantage à cette jeune personne. Lorsqu'elle éclata en pleurs et en sanglots, il se leva, vint près d'elle presque involontairement, prit sa main, qu'il serra entre les siennes. Elinor soutenait sur son sein la tête de sa sœur, et ne pensait plus à Edward. Madame Jennings disait : Pauvre enfant ! pauvre petite ! la moindre chose attaque ses nerfs ! et elle lui faisait respirer son flacon de sels. Madame Ferrars levait les épaules en parlant à sa fille ; lady Middleton regardait avec son air glacé ; M. Palmer bâillait près du feu en tenant les malheureux écrans, cause première de ce trouble ; les deux Steeles riaient et chuchotaient dans un coin ; sir Georges était furieux contre le traître Willoughby, seul auteur, disait-il, de cette faiblesse de nerfs, et s'établissant entre les deux petites cousines Steeles, qui étaient encore ses favorites, il leur conta toute l'affaire, qu'elles savaient aussi bien que lui, en s'emportant contre l'homme abominable qui mettait une fille charmante dans cet état.

Au bout de quelques minutes, Maria fut un peu remise. Elinor voulait la faire passer dans une autre pièce; mais madame Dashwood dit qu'il n'y en avait point de libre, que l'attaque de nerfs une fois passée, Maria serait aussi bien au salon : elle resta donc à côté d'Elinor, et sans dire un mot de la soirée.

— Pauvre Maria! disait son frère à voix basse au colonel Brandon; elle n'a pas une aussi forte santé que sa sœur; elle est très-nerveuse, au lieu qu'Elinor n'est jamais malade. Je suis sûr qu'elle n'a pas coûté une guinée en médecin depuis qu'elle est au monde; mais la pauvre Maria! sa santé est détruite aussi bien que sa beauté, c'est sans doute ce dernier point qui l'afflige : c'est bien naturel en vérité; si jeune encore! Pourriez-vous croire qu'il y a peu de mois qu'elle était belle à ravir, presque aussi belle qu'Elinor? A présent, quelle différence! Elinor est charmante et ne changera jamais; c'est un genre de beauté qui sera toujours le même : je puis en répondre.

— Je l'espère, dit le colonel, et désire que mademoiselle Maria retrouve bientôt ses charmes... Hélas ! elle n'en avait encore que trop pour lui, et jamais elle ne lui avait paru aussi intéressante, aussi digne de toute son adoration.

Après le thé, on arrangea diverses parties. Mesdames Ferrars et Jennings s'établirent à un grave whist avec sir Georges et M. Palmer. Elinor en parut surprise ; le colonel Brandon, à qui son frère et sa belle-sœur avaient fait tant d'honneurs, avait, dans son idée, plus de droit à cette partie, par son âge et son habitude au whist, que M. Palmer, qui, malgré son apathie, ne parut pas trop content d'être le partenaire des deux grand's-mères. Mais M. Dashwood n'avait garde de séparer sa sœur Élinor de son futur époux le colonel Brandon. Lady Middleton n'aimait que le cassino, et le colonel ne le savait presque pas, mais n'importe ; il fallut bon gré mal gré qu'il se mît à cette partie, ainsi qu'Elinor, qui aurait bien préféré rester avec sa sœur ; mais elle eut beau conjurer ou son frère ou Fanny de prendre sa place, elle ne put l'obtenir. M. Dashwood se mit à côté du colonel pour lui apprendre le cassino. Anna Steeles fit le quatrième. Fanny se mit en cinquième dans la partie des mères. Lucy, tantôt à côté d'elle, lui parlait de tout ce qui pouvait lui plaire, tantôt à côté de madame Ferrars s'intéressait à son jeu, vantait son habileté au whist, et la bonne dame avait de grandes prétentions; enfin elle faisait sa cour de son mieux. Maria, abandonnée à ses tristes pensées, ne s'en plaignait pas. Absorbée dans ses réflexions, dans ses souvenirs, et bien loin du salon de madame John Dashwood, elle n'entendit pas même ouvrir la porte et Fanny s'écrier : Ah ! voilà mon frère. Mais Elinor ne l'entendit que trop; son sang reflua vers son cœur, qui battit avec violence, et ses yeux baissés sur ses cartes, sans en distinguer une, elle s'efforça de reprendre son courage accoutumé. Enfin, quand elle crut y avoir réussi, elle tourna ses regards d'abord sur Lucy, dont la physionomie n'exprimait rien, mais dont les yeux perçans suivaient celui qui venait d'entrer. Elinor était placée de manière à ne pas le voir, et n'en était pas fâchée, lorsque son frère s'écrie : Ah ! vous voilà enfin, Robert, d'où diable venez-vous? Nous avons dîné depuis deux heures. Elinor respire; ce n'est pas Edward. Robert s'avance auprès de son beau-frère; elle reconnaît d'abord le merveilleux à la boîte à cure-dents, qui l'avait si fort impatientée chez le bijoutier. Sans doute il la reconnut aussi ; il la salua avec affectation d'une inclination de tête. Son costume avait toute l'extravagance de la mode française, encore exagérée, et présentait vraiment quelque chose de très-ridicule : une crête ébouriffée, un col de chemise remontant jusqu'aux coins des yeux ; un frac étroit, un gilet de deux doigts, un pantalon qui lui montait jusque sous les bras, un fracas de cachets et de bagues, un bouquet à la boutonnière, enfin tout ce qui constituait alors l'élégance des jeunes gens qu'on appelait *des incroyables*. L'émotion d'Elinor avait fait place à l'étonnement ; elle ne pouvait comprendre que ce fût là le frère du simple, du timide Edward. Il dit légèrement à son beau-frère que, sur sa parole, il avait tout-à-fait oublié son dîner ; que, dans la foule de ses engagemens, ces oublis lui arrivaient souvent ; et promenant sa lorgnette sur les jeunes dames, il daigna ajouter : Sans doute j'ai beaucoup perdu..... Cette langoureuse beauté auprès de la cheminée, est-ce une de vos sœurs, John ? en désignant Maria.

— Oui, la cadette, très-jolie autrefois sur mon honneur ; mais la pauvre enfant est malade. Robert ne l'écoutait pas ; sa lorgnette était dirigée sur la jolie toque à plumes de Lucy. Cette petite personne est délicieusement coiffée, reprit-il, mais je dis délicieusement ! Cela vient de Paris ; je crois l'avoir remarqué au magasin d'Hustley ; très-jolie sur ma parole ; du dernier goût !

— Et la jeune personne aussi ; c'est miss Lucy Steeles, parente de lady Middleton. Et Edward, où diable se tient-il ?

— Où ? Je ne sais. Nous n'allons point ensemble ; il y a huit jours que je ne l'ai vu. Il s'approcha de sa mère, dont il était le favori, et qui lui dit : Bonjour, Robert, avec un air assez affable. Il adressa quelques mots à Lucy sur sa délicieuse coiffure, dont elle parut très-flattée. Peu après, les parties finirent, et l'on prit congé les uns des autres, au grand plaisir des deux sœurs, pour qui la journée avait été ennuyeuse et pénible.

## CHAPITRE XXXVI.

Le désir qu'Elinor avait eu de voir la mère d'Edward était plus que satisfait ; il était anéanti ; et, de tout son cœur, elle désirait actuellement ne pas se retrouver avec elle. Elle avait assez de son orgueil, de son dédain, de son esprit étroit et vain, et de sa prévention décidée contre les sœurs de son gendre ; elle voyait clairement à présent les difficultés, les retards qu'il y aurait eu à son mariage avec Edward, lors même qu'il eût été libre. Il était le seul de cette famille qui lui fût agréable. La fatuité, les prétentions de l'élégant Robert lui étaient insupportables, et madame John Dashwood n'ayant point cherché à gagner l'amitié de ses belles-sœurs, ne leur en avait jamais témoigné. Elle se trouva donc presque heureuse qu'un obstacle insurmontable la préservât du malheur d'être sous la dépendance de madame Ferrars, d'être obligée de se soumettre à ses caprices, de supporter sa mauvaise humeur ; et si elle n'avait pas encore la force de se réjouir qu'Edward fût engagé avec Lucy, elle l'attribuait uniquement à la certitude qu'il ne serait pas heureux avec elle. Si sa rivale avait été plus aimable, elle aurait renoncé à un bonheur aussi chèrement acheté que d'être la fille de madame Ferrars et la sœur de M. Robert. Elle ne comprenait pas que Lucy eût attaché autant de prix aux honnêtetés d'une femme qui ne lui en avait fait que parce qu'elle n'était pas Elinor, et que la vérité ne lui était pas connue. Il fallait que Lucy fût complétement aveuglée par la vanité pour n'avoir pas senti que cette préférence arrachée à demi par ses flatteries, n'était pas du tout pour l'*amante d'Edward,* pas même pour Lucy Steeles, mais pour la jeune fille qui paraissait à côté de celle qu'on voulait mortifier. Lucy le voyait si peu sous ce jour, que dès le lendemain matin elle arriva à Berkeleystreet avec l'espoir de trouver Elinor seule, et de lui dire tout son bonheur ; elle eut celui de venir au moment où madame Jennings allait sortir.

— Chère amie, dit Lucy à Elinor, que je suis contente de pouvoir vous parler en liberté, vous dire combien je suis heureuse ! Pouvez-vous imaginer quelque chose de plus flatteur que la manière dont madame Ferrars me traita hier? Comme elle était bonne, affable! Vous savez combien je la redoutais ; certes, j'avais bien tort. Dès le premier moment où je lui fus présentée, je vis sur sa physionomie quelque chose qui me disait que je lui plaisais extrêmement, et toute sa conduite avec moi l'a confirmé. N'est-ce pas que c'était ainsi ? Vous l'aurez vu tout comme moi. N'en avez-vous pas été frappée ?

— Elle était certainement très-polie avec vous.

— Polie! est-ce que vous n'avez vu que de la politesse ? Pour moi, j'ai vu beaucoup plus. Avec quelle bonté elle m'a distinguée de tout le monde! Ni orgueil ni hauteur, quoique je sois une pauvre jeune personne qu'elle voyait aussi pour la première fois. Elle n'a presque adressé la parole qu'à *moi* seule, et votre belle-sœur de même. Quelle femme adorable! toute douceur, toute affabilité, si bonne, si prévenante! Quel bonheur pour vous que votre frère ait épousé une femme aussi aimable!

Elinor, pour éviter de répondre, voulut changer d'entretien; mais Lucy la pressa tellement de convenir de son bonheur, qu'elle ne put s'en défendre. — Indubitablement, lui dit-elle, rien ne pourrait être plus heureux et plus flatteur pour vous que la conduite de madame Ferrars, si elle connaissait vos engagemens avec son fils, mais ce n'est pas le cas; et.... — J'étais sûre d'avance que vous me répondriez cela, interrompit Lucy; mais vous conviendrez au moins qu'il ne peut y avoir aucune raison au monde qui obligeât madame Ferrars à feindre de m'aimer, si je ne lui plaisais pas; et elle a marqué une prévention si flatteuse pour moi, et pour *moi seule*, que vous ne pouvez m'ôter la satisfaction d'y croire. Je suis sûre à présent que tout finira bien, et que je ne trouverai point les difficultés que je craignais. Madame Ferrars et sa fille sont deux femmes charmantes, adorables, qui me paraissent sans défauts; peut-être me font-elles l'honneur de penser la même chose de moi; car j'ai vu et senti qu'il y avait entre nous un attrait mutuel. Je suis étonnée que vous ne m'ayez jamais dit combien votre belle-sœur est agréable !

Elinor n'essaya pas même de répondre; qu'aurait-elle pu dire ?

— Etes-vous malade, miss Dashwood ? dit Lucy; vous semblez si triste, si abattue ! Vous ne parlez pas; sûrement vous n'êtes pas bien;

lui dit la méchante fille avec son regard abominable.

— Je ne me suis jamais mieux portée, répondit Elinor.

— J'en suis vraiment charmée; mais vous n'en avez pas l'air. Je serais consternée si vous tombiez malade, vous qui *partagez* si bien tout ce qui m'arrive. Le ciel sait ce que j'aurais fait sans votre amitié.

Elinor essaya de répondre quelque chose d'honnête; mais elle le fit si froidement qu'il eût mieux valu se taire. Cependant Lucy en parut satisfaite.

— En vérité, lui dit-elle, je n'ai pas le moindre doute sur l'intérêt que vous prenez à mes confidences et à mon bonheur; et après l'amour d'Edward, votre amitié est ce que je prise le plus. Pauvre Edward! s'il avait été là, s'il avait vu sa mère, sa sœur me traiter comme si j'étais déjà de la famille! Mais à présent il en sera souvent témoin, et tout s'arrange à merveille. Lady Middleton, madame John Dashwood s'aiment déjà à la folie; elles vont se lier intimement, et nous serons sans cesse les uns chez les autres. Edward passe sa vie, dit-on, chez sa sœur. Lady Middleton fera de fréquentes visites à madame Dashwood; et votre belle-sœur a eu la bonté de me dire qu'elle serait toujours charmée de me voir. Ah! quelle délicieuse femme! Si vous lui dites une fois ce que je pense d'elle, vous ne pourrez pas exagérer mes éloges. Elinor garda encore le silence; Lucy continua : Je suis sûre que je me serais aperçue, au premier moment, si madame Ferrars avait mauvaise opinion de moi. Elle m'aurait fait seulement comme à *d'autres* une révérence cérémoniale, sans dire un mot, ne faisant plus nulle attention à moi, ne me regardant qu'avec dédain... Vous comprenez sûrement ce que je veux dire. Si j'avais été traitée ainsi, il ne me resterait pas l'ombre d'espérance, je n'aurais même pas pu rester en sa présence. Je sais que lorsqu'on lui déplaît, elle est très-violente, et ne revient jamais sur votre compte.

Elinor n'eut pas le temps de répliquer à ce malin triomphe. La porte s'ouvrit; le laquais annonça M. Ferrars, qui entra immédiatement.

Ce fut un moment très-pénible; tous les trois eurent l'air fort embarrassé. Edward paraissait avoir plus envie de reculer que d'avancer. Ce qu'ils désiraient tous d'éviter, une rencontre en tiers, arrivait de la manière la plus désagréable. Non-seulement ils étaient ensemble, mais ils y étaient sans le moindre intermédiaire, sans personne qui pût soutenir l'entretien et venir à leur secours. Les dames se remirent les premières. Ce n'était pas à Lucy à se mettre en avant; vis-à-vis de lui, l'apparence du secret devait encore être gardée. Elle ne fit donc que le regarder tendrement, le saluer légèrement, et garder le silence. Elinor, qui le voyait pour la première fois depuis leur arrivée et qui ne devait pas avoir l'air de rien savoir, avait un rôle bien plus difficile. Mais autant pour lui que pour elle, elle désirait si vivement d'avoir un maintien naturel, que, passé le premier moment, elle put le saluer d'une manière aisée et presque comme à l'ordinaire. Un second effort sur elle-même la rendit si bien maîtresse de ses impressions, que ni son regard, ni ses paroles, ni le son de sa voix ne purent trahir ce qui se passait dans son âme. Elle ne voulut pas que la présence de Lucy l'empêchât de témoigner à un ancien ami son plaisir de le revoir, et son regret de ne s'être pas trouvée à la maison quand il y était venu. Ni les regards pénétrans de sa rivale, ni l'embarras de sa position, ni son dépit secret ne la détournèrent de remplir ce qu'elle regardait comme un devoir envers le frère de sa belle-sœur et l'homme qu'elle estimait. Cette manière donna quelque assurance à Edward, et le courage de s'avancer, de s'asseoir. Mais son embarras dura beaucoup plus long-temps; ce qui, au reste, lui était naturel, quoique très-rare chez la plupart des hommes, qui ne se laissent pas influencer par des rivalités de femmes, dont leur amour-propre jouit. Mais Edward n'était pas susceptible de ce genre de vanité; et pour être tout-à-fait à son aise dans cette circonstance, il fallait ou l'insensibilité de Lucy ou la conscience sans reproche d'Elinor. Le pauvre Edward n'avait ni l'un ni l'autre de ces moyens de tranquillité.—

Lucy, avec une mine froide, réservée, semblait déterminée à observer, à écouter, et à ne point se mêler d'un entretien où naturellement elle devait être étrangère. Edward ne prononçait que des monosyllabes, en sorte que la conversation reposait en entier sur Elinor, qui en était seule chargée. Elle fut obligée de parler la première de la santé de sa mère, d'Emma, de leur arrivée à Londres, de leur séjour, de tout ce dont Edward aurait dû s'informer s'il avait pu parler.

Après quelques minutes, ayant elle-même besoin de respirer, et voulant laisser quelques momens de liberté aux deux amans, sous le prétexte de chercher Maria, elle sortit et resta quelque temps dans le vestibule avant d'entrer chez sa sœur. Maria n'eut pas la même discrétion; dès qu'elle eut entendu le nom d'Edward, elle courut immédiatement au salon. Le plaisir qu'elle eut en le voyant lui fit oublier un instant toutes ses peines; il fut, comme tous ses sentimens, très-vif et exprimé avec chaleur. Cher Edward, lui dit-elle en lui tendant la main avec toute l'affection d'une sœur, d'une amie, enfin vous voilà! Combien j'étais impatiente de vous revoir!

Edward éprouvait une extrême émotion; il aurait voulu exprimer ce qu'il sentait; mais devant un témoin, qui prêtait toute son attention pour ne perdre ni un regard ni une parole, qu'aurait-il pu dire? Il pressa doucement la main de Maria sans répondre. Puis on se rassit, et pour un moment chacun garda le silence les yeux baissés, à l'exception de Maria, qui, regardant avec sensibilité tantôt Edward, tantôt Elinor, aurait voulu réunir leurs mains dans les siennes, car leur bonheur lui tenait lieu du sien propre; elle regrettait que le plaisir de se retrouver fût troublé par la présence importune d'un tiers aussi étranger, aussi indifférent que Lucy.

Edward parla le premier, ce fut pour exprimer son inquiétude sur le changement de Maria. Vous n'avez pas, lui dit-il, l'air de santé que vous aviez à Barton. Je crains que la vie de Londres ne vous convienne pas.

— Oh! ne pensez pas à moi, lui dit-elle avec le ton de la gaîté, quoique ses yeux fussent gonflés de larmes au souvenir des jours heureux qu'elle avait passés à Barton; ne songez pas à moi. Elinor est très-bien, vous le voyez; c'est assez pour vous et pour moi.

Ce mot touchant n'était pas fait pour mettre plus à l'aise Elinor et Edward, ni pour se concilier l'amitié de Lucy, qui lança à Maria un terrible regard, dont celle-ci ne s'aperçut pas.

— Est-ce que vous aimez le séjour de Londres? reprit Edward pour dire quelque chose et pour détourner la conversation sur un autre sujet.

Non, répondit Maria; j'en attendais beaucoup de plaisir, je n'y en ai trouvé aucun. Celui de vous voir, cher Edward, est le premier que j'aie goûté. Je remercie le ciel de ce que nous vous retrouvons toujours le même. Un profond soupir suivit ces mots.

Elle s'arrêta, et personne ne continua. Je pense une chose, ma chère Elinor, reprit-elle, puisque nous avons retrouvé Edward, nous nous mettrons sous sa protection pour retourner à Barton. Dans quelques jours, nous serons prêtes à partir. Je suppose, je suis même sûre, Edward, que vous voudrez bien être notre protecteur dans ce petit voyage.

Le pauvre Edward murmura quelques mots que personne ne comprit, qu'il ne comprit peut-être pas lui-même. Lucy rougit, puis pâlit, et toussa vivement. Un regard d'Edward, moitié sévère, moitié suppliant, la calma. Il était vraiment au supplice. Maria, qui vit son agitation, la mit absolument sur le compte de l'impatience et du dépit que lui faisait éprouver la présence d'une étrangère dans ce moment de réunion; et parfaitement satisfaite de lui, elle voulut à son tour le calmer, en insinuant à Lucy d'abréger sa visite.

— Nous avons passé hier la journée entière à Harleystreet chez votre sœur et la nôtre, lui dit-elle. Ah! quelle longue journée! j'ai cru qu'elle ne finirait jamais..... mais j'ai beaucoup de choses à vous dire à ce sujet, qu'on ne peut dire actuellement... Enfin cette journée a été plus pénible qu'agréable. Mais pourquoi n'y étiez-vous pas, Edward ? Alors elle eût été plus agréable pour nous.

— J'avais le malheur d'être engagé ailleurs.

— Bon ! engagé ! on se dégage de tout quand on peut être avec des amies comme Elinor et Maria.

Le moment parut propice à la méchante Lucy pour se venger de Maria. — Vous pensez peut-être, mademoiselle, lui dit-elle, que les hommes ne sont point tenus de garder leurs engagemens, quand il leur vient dans la tête de les rompre.

Elinor rougit de colère; mais Maria parut entièrement indifférente à cette attaque, et répliqua avec calme : Non en vérité, je ne crois point du tout ce que vous dites. Je suis très-sûre que c'est la fidélité à un engagement plus ancien qui a empêché Edward de venir hier voir sa sœur ; je crois réellement qu'il a la conscience la plus délicate et la plus scrupuleuse qu'on puisse avoir, et qu'il ne manquera jamais de sa vie à une promesse donnée, lors même que ce serait contre son intérêt ou son plaisir. Je n'ai jamais connu quelqu'un qui craignît davantage de causer à quelqu'un la moindre peine, et ce serait en faire que de ne pas répondre à ce qu'on attend de lui, de ne pas remplir des devoirs importans ou non, sans subterfuge, et quoi qu'il puisse lui en coûter : voilà comme est Edward ; je dois lui rendre cette justice. Comme vous avez l'air confus et peiné, Edward ! Quoi ! n'avez-vous jamais entendu faire votre éloge ? Si vous le craignez, vous ne devez pas être mon ami ; car il faut que ceux qui acceptent mon estime et mon amitié se soumettent à entendre, devant eux-mêmes, tout ce que je pense d'eux, soit en bien, soit en mal.

Tout ce qu'elle dit était tellement de circonstance, et il fut si difficile à Edward de le supporter, que, ne pouvant soutenir sa position, il se leva et voulut sortir.

— Nous quitter aussitôt ! dit Maria, non, mon cher Edward, cela ne se peut. Rasseyez-vous, et restez, je vous en conjure ; et, le tirant un peu à l'écart, elle lui dit à l'oreille en jetant un coup-d'œil sur Lucy : Attendez qu'elle soit partie, je vous en supplie ! elle s'en ira bientôt ; il y a des siècles qu'elle est là. Mais cette invitation manqua son effet. Il n'en sortit pas moins ; et Lucy, qui était décidée à ne pas partir la première, fût-il resté deux heures, s'en alla bientôt après lui. Maria était de si mauvaise humeur qu'elle la salua à peine.

— Qu'est-ce donc qui peut l'attirer si souvent ici ? dit-elle à sa sœur, dès que Lucy eut tourné le dos. Ne pouvait-elle pas voir facilement comme nous désirions tous son départ? Combien Edward était tourmenté !

— Pourquoi donc, dit Elinor, Lucy serait-elle une étrangère pour lui ? Il a demeuré chez son oncle près de Plymouth ; il la connaît depuis plus long-temps que nous : il est très-naturel qu'il ait aussi du plaisir à la voir. — Du plaisir ! Edward du plaisir à voir Lucy Steeles, qu'il a regardée comme une petite fille ! Si toutefois il l'a remarquée et reconnue, ce que je ne crois pas à l'air qu'il avait avec elle, il aurait bien voulu la voir loin d'ici. Je ne sais pas, Elinor, quelle est votre idée en me parlant d'Edward avec cette indifférence, ou en le supposant indifférent lui-même au plaisir d'être avec vous ? Il n'y avait qu'à le voir pour sentir comme il était tourmenté. Aussi ai-je été aujourd'hui très-contente de sa manière, et très-mécontente de la vôtre, Elinor. Pas un mot d'amitié, pas un effort pour le retenir ou pour faire en aller Lucy.

Si c'est là ce qu'on appelle être sage et prudente, que le ciel me préserve de l'être ! moi je dis que c'est ingratitude ou fausseté. Ce pauvre Edward, comme il avait l'air malheureux ! Je ne sais comment vous avez eu le courage de le laisser sortir ainsi. Elle se retira elle-même en disant cela.

Elinor en fut bien aise ; elle n'aurait su que lui répondre, liée comme elle l'était par sa promesse à Lucy de garder son secret ; et quelque pénibles que fussent pour elle l'erreur de Maria et les propos qui en étaient la suite, elle était forcée de s'y soumettre. Son seul espoir était qu'Edward ne s'exposerait pas souvent à renouveler un entretien aussi cruel, et qu'il ferait tous ses efforts pour l'éviter. Mais elle-même ! pourrait-elle alors se dérober aux conjectures, aux plaintes et même aux reproches de Maria sur la rareté des visites d'Edward ? Sous tous les rapports, Elinor était vraiment très-malheureuse, et elle avait besoin de tout son courage pour supporter une situation aussi désagréable, et qui, suivant les apparences, durerait encore long-temps.

## CHAPITRE XXXVII.

Peu de jours après cette rencontre, les papiers publics annoncèrent que madame Charlotte Palmer, femme de M. Thomas Palmer, écuyer, était heureusement accouchée d'un fils ; très-intéressant article pour la bonne grand'mère Jennings, qui le savait déjà, puisqu'elle avait assisté à la naissance du petit héritier, mais qui n'en eut pas moins de plaisir à le lire sur les gazettes.

Cet événement, qui la rendait heureuse au suprême degré, produisit quelque changement dans l'emploi de son temps et dans la vie de ses jeunes amies. Elle voulait être autant que possible auprès de la nouvelle maman et de ce cher petit nouveau-né, qu'elle aimait déjà à la folie ; elle y allait chaque matin dès qu'elle était habillée, et ne rentrait chez elle que très-tard dans la soirée. Elle pria sa fille aînée, lady Middleton, d'inviter mesdemoiselles Dashwood à passer de leur côté toute leur journée chez elle à Conduitstreet. Elles auraient bien préféré rester au moins la matinée dans la maison de madame Jennings ; mais elles n'osèrent le demander ni se refuser à l'invitation polie de lady Middleton. Elles passèrent donc leur temps avec cette dame et les demoiselles Steeles, qui ne leur plaisaient ni à l'une ni à l'autre, et qui ne sentaient pas non plus le prix de leur société. Lady Middleton se conduisait avec une extrême politesse, faisait des complimens sans fin, des cérémonies très-ennuyeuses ; mais dans le fond elle ne les aimait pas. D'abord elles ne gâtaient ni ne louaient les enfans ; puis elles aimaient la lecture, que lady Middleton ne regardait que comme une chose qui fait perdre du temps. Aussi trouvait-elle Elinor trop instruite, trop raisonnable, quoiqu'elle n'affichât jamais l'instruction et qu'elle ne fît point parade de sa raison. Comme elle passait pour être à-la-fois bonne, spirituelle et bien élevée, lady Middleton croyait qu'elle était la seule dont on pût vanter le bon ton et la bonne éducation. Elle trouvait Maria capricieuse et satirique, sans trop savoir peut-être ce que signifiaient ces deux mots. Mais enfin, comme elles étaient en visite chez sa mère, qui les lui avait recommandées, elle les accablait d'honnêtetés, d'attentions, au grand désespoir des deux Steeles, qui croyaient que c'était autant qu'on leur ôtait, et qu'elles seules avaient droit à l'amitié de leur *cousine lady Middleton*. La présence de mesdemoiselles Dashwood les gênait. Lucy s'était bien aperçue que ses flatteries continuelles leur faisaient pitié, et n'osait, en leur présence, s'y livrer sans retenue, comme à son ordinaire. Mademoiselle Anna était celle qui en souffrait le moins. Il n'aurait même tenu qu'à mesdemoiselles Dashwood de la captiver entièrement. Elles n'auraient eu pour cela qu'à lui confier en détail l'histoire de Willoughby et de Maria, dont elle était fort curieuse, et la plaisanter sur M. Donavar, le médecin de la maison, qu'on faisait venir pour des maladies souvent imaginaires, et sur qui la grosse Anna avait fondé toutes ses prétentions : c'était alors l'éternel sujet des railleries de sir Georges. Docteur, disait-il quand Donavar entrait, tâtez, je vous prie, le pouls de mademoiselle Anna, vous allez le trouver bien ému ; voyez comme son teint s'anime ! Elle a beaucoup de fièvre, j'en suis sûr ; et votre pouls, docteur, n'est pas beaucoup plus tranquille. Alors Anna baissait ses petits yeux d'un air enfantin et modeste, puis les relevait tout pétillans sur le docteur. En général, elle n'était jamais plus contente que lorsque sir Georges commençait à parler de lui. Il y a trois jours que le docteur n'est venu, Anna, lui disait-il, vous allez en maigrir : faites pleurer Williams ou Sélina, leur maman l'enverra bientôt chercher. Il ne demandera pas mieux que d'avoir un prétexte de vous rendre ses hommages, etc., etc. Elle écoutait cela avec délices, et ne doutait pas d'avoir fait cette conquête.

Elinor, qui souffrait de la voir tourner en ridicule, se taisait, et Anna, à qui ce silence déplaisait, était tout près de la croire jalouse de sa conquête du docteur. Quand sir Georges dînait dehors, ce qui arrivait assez souvent, la pauvre Anna passait la journée sans entendre d'autres plaisanteries sur le docteur que celles qu'elle se faisait à elle-même.

Ces petites jalousies, ces petits mécontentemens étaient si ignorés de madame Jennings, qu'elle croyait que ces quatre jeunes filles se délectaient d'être ensemble ; et tous les soirs en revenant, elle félicitait ses jeunes amies d'avoir encore échappé ce jour-là à la société de la vieille grand'mère. Elle les rejoignait quelquefois chez sir Georges, où elle venait donner à sa fille aînée des nouvelles de l'accouchée, que l'indifférente lady écoutait à peine ; mais n'importe, madame Jennings allait son train. Elle attribuait le rétablissement de Charlotte à ses soins, et donnait sur la mère, sur l'enfant des détails minutieux, qui n'intéressaient que la curiosité d'Anna. Heureuse d'entendre parler de son cher docteur, qui était aussi celui des Palmer, Anna, pour prolonger la conversation sur un sujet qui lui plaisait, racontait à son tour ce que le docteur lui avait dit à ce sujet. Ne vous a-t-il pas parlé, s'écriait madame Jennings, de mon petit-fils ? Quel bel enfant ! Comme il est gras et beau ! C'est un petit ange ; il ressemble à Charlotte et à Palmer. Mais une seule chose m'afflige ; son père assure que tous les enfans de cet âge sont de même, et ne veut pas convenir que le sien soit le plus bel enfant du monde ; sans vous déplaire, Mary, vos enfans sont très-bien, mais n'approchent pas de celui-là.

— Il est impossible, dit Lucy en caressant la petite, que rien égale en beauté Sélina.

Lady Middleton, un peu consolée, lui accorda toutes ses bonnes grâces et lui fit un joli présent dans la soirée ; de manière que Lucy trouva le rôle de flatteuse bon et facile.

La liaison qui s'était établie entre les maisons Middleton et Dashwood occasionnait de fréquentes rencontres. Un jour qu'Elinor et Maria étaient en visite chez leur belle-sœur, il y vint une dame du haut rang, qui, ne connaissant point les particularités de cette famille, ne mit pas en doute qu'ils ne logeassent ensemble. Deux jours après, cette dame donnant un concert, envoya chez madame John Dashwood des cartes d'invitation pour elle et pour ses belles-sœurs. Madame John n'y vit d'abord que le désagrément de leur envoyer sa voiture et l'ennui de les y accompagner; lady Middleton n'y étant pas invitée, elles ne pouvaient y aller seules. Fanny se promit bien de dire à tout le monde que ses belles-sœurs ne logeaient pas chez elle. Maria, par l'habitude de faire le jour ce qu'elle avait fait la veille même, et par l'indifférence qu'elle mettait à faire une chose plutôt qu'une autre, avait été amenée par degrés à reprendre le genre de vie de Londres et à sortir tous les soirs sans attendre ni désirer le moindre amusement, et souvent sans savoir jusqu'au dernier moment où elle allait. Sa toilette l'occupait si peu, que si sa sœur n'y avait pensé pour elle, elle serait restée dans sa robe du matin. Mais quand, après un ennui qu'elle supportait à peine, elle était enfin parée, commençait un autre supplice : c'était l'inventaire que faisait Anna Steeles de toutes les pièces de son ajustement l'une après l'autre. Rien n'échappait à son insatiable curiosité et à sa minutieuse observation. Elle voyait tout, touchait tout, elle voulait savoir le prix de tout ; elle calculait le nombre des robes de Maria, combien le blanchissage devait coûter par semaine, et à combien sa toilette devait lui revenir par an. Maria en était excédée ; mais ce qui lui déplaisait plus encore était le compliment qui suivait toujours cet examen. « Eh bien ! miss Maria, vous voilà très-bien mise et très-belle encore, quoi qu'on en dise : consolez-vous, c'est moi qui vous le promets, vous allez faire encore bien des conquêtes, et tous les jeunes gens ne seront peut-être pas légers, perfides. Mademoiselle Elinor est très-bien aussi. A présent que vous avez si fort maigri, on ne dirait pas qu'elle est l'aînée, et elle aura bien sa part d'adorateurs. »

Avec de tels encouragemens, elles attendaient ce soir-là le carrosse de leur frère. Comme elles étaient prêtes, elles y entrèrent sur-le-champ au grand désespoir de Fanny, qui avait espéré qu'elles ne le seraient pas encore et qu'elle pourrait rejeter le retard sur ses belles-sœurs.

Les événemens de cette soirée ne furent pas remarquables. Le concert d'amateurs était, comme ils le sont tous d'ordinaire, extrêmement médiocre, quoiqu'elles fussent convaincues, ainsi que la dame qui les avait rassemblés, d'avoir entendu les premiers talens d'Angleterre. Au reste, à Maria près, qui était très-forte sur le piano, mais qui ne faisait nulle attention à la musique, le reste de l'assemblée était peu en état d'en juger. On était là plutôt pour voir et se faire voir que pour écouter. Aussi Elinor, qui n'était point musicienne et n'y avait nulle prétention, ne se fit pas scrupule de détourner ses yeux de l'amphithéâtre de musique pour regarder d'autres objets. Dans le nombre des femmes, elle en remarqua une à l'excès de sa parure, d'ailleurs très-peu jolie, mais grande et bien faite, et entourée de tous les élégans, parmi lesquels elle eut bientôt reconnu Robert Ferrars à son costume exagéré et à sa lorgnette, qu'il dirigeait sur toutes les femmes avec une fatuité insupportable. Bientôt son tour vint d'être regardée, et Robert lui-même s'avança avec nonchalance et s'assit à côté d'elle. Bonjour, ma vieille connaissance, lui dit-il d'un ton léger.

— Monsieur, vous vous méprenez sans doute, lui dit Elinor, surprise de ce ton; je n'ai pas l'honneur de vous connaître.

— Allons donc, vous plaisantez; n'avons-nous pas passé une heure ensemble chez Grays, l'autre matin? Je vous ai retrouvée l'autre soir chez votre frère, qui, je crois, est le mien aussi : ainsi vous voyez que nous sommes intimes. D'ailleurs, dit-il en souriant d'un air qu'il croyait bien fin, je suis aussi le frère d'Edward, et l'on assure que vous ne le haïssez pas, et qu'il est encore plus que moi votre ancienne connaissance.

— Monsieur, je ne hais personne, et nullement Edward Ferrars, que j'aime et que j'estime depuis long-temps.

— Eh bien! d'honneur, c'est très-naïf, dit Robert en éclatant de rire. Vous me prenez pour confident! Je suis peu accoutumé à ce rôle, mais je m'y ferai, et en ami je veux vous donner un conseil : c'est de ne plus penser à Edward; sa mère a d'autres vues. D'ailleurs, il est impossible, absolument impossible que vous le trouviez aimable.

— Monsieur, dit Elinor avec fermeté, sans avoir sur lui aucune prétention qui puisse contrarier les vues de madame Ferrars, je trouve *son fils aîné* très-aimable, et il me le paraît plus encore depuis que je le compare à d'autres.

— Ah bien ! par exemple ! c'est très-plaisant ce que vous dites là. On ne s'attendait pas à ce qu'Edward gagnât à être comparé à d'autres. Allons, convenez donc qu'il est impossible d'être plus gauche, plus maussade, mis avec moins de goût. Il faudrait une étrange prévention pour nier cela.

— J'ai cette prévention, monsieur, et malgré votre éloge fraternel, je persiste à la croire très-bien fondée.

— Allons, allons, vous plaisantez, je vois cela. Puis-je vous offrir une pastille, mademoiselle Dashwood ? dit-il en ouvrant une petite bonbonnière d'écaille blonde à étoiles d'or. A propos, n'avez-vous pas envie de voir la boîte à cure-dents que je commandais l'autre jour ? Délicieuse, parole d'honneur ; elle a réussi à ravir. Grays est unique pour saisir mes idées... Mais pardon, madame Willoughby m'appelle.

— Madame Willoughby ! s'écria Elinor, où donc est-elle ?

— Là ; cette femme si bien mise. Personne à Londres ne se met comme elle. J'excepte cependant cette charmante toque que je vis l'autre soir à je ne sais qui. Vous y étiez, je crois? D'honneur, cette coiffure m'a tourné la tête. Comment se nomme la jeune personne?

— Mademoiselle Lucy Steeles, l'une des nièces de M. Pratt, chez lequel votre frère a demeuré.

— Ah Dieu! M. Pratt! Ah! je vous en conjure, mademoiselle, si vous ne voulez que je meure de vapeurs, ne me parlez pas de M. Pratt! C'est grâce à lui qu'Edward est si complétement maussade. Je l'ai souvent dit à madame Ferrars : Ne vous en prenez qu'à vous, ma mère, si votre fils aîné est à peine présentable dans le beau monde ; si vous l'aviez envoyé comme moi à Westminster, au lieu de le remettre aux soins de M. Pratt, vous voyez ce qu'il serait. Elle est convaincue de son erreur ; mais c'est trop tard, le pli est pris.

Élinor ne répondit rien ; elle n'aurait pas voulu qu'Edward ressemblât à son frère, mais son séjour chez l'oncle de Lucy Steeles ne lui était guère plus agréable.

Enfin l'élégant Robert la quitta et lui fit plaisir ; elle était sur les épines en pensant que Maria pourrait voir madame Willoughby, ou seulement entendre son nom, et que Willoughby peut-être était lui-même dans le salon ; cependant elle ne l'avait point aperçu. Elle regarda encore, il n'y était pas. Maria, émue par la musique, plus rêveuse, plus mélancolique encore qu'à l'ordinaire, n'avait rien vu, rien entendu. Elinor aurait voulu la prévenir, mais elle n'était pas à côté d'elle. Heureusement que Fanny, qui n'aimait pas la musique et qui s'ennuyait, avait demandé ses chevaux de bonne heure ; elle se retira avec ses belles-sœurs avant la fin du concert, et sans que Maria se fût doutée que madame Willoughby y était. Elles laissèrent à leur porte monsieur et madame Dashwood, et retournèrent chez madame Jennings, qui les attendait.

Le soir même, M. John Dashwood eut avec sa femme un entretien aigre-doux, qui avait pour objet mesdemoiselles Dashwood. Pendant le concert, qui ne l'amusait pas plus qu'elle, il avait eu le temps de réfléchir, et une idée l'avait frappé. La maîtresse de la maison, lady Dennison, avait supposé que ses sœurs demeuraient chez lui ; il était donc convenable qu'elles y fussent, et il manquait aux devoirs d'un frère, en laissant ses sœurs loger et manger chez des étrangers. L'opinion avait un grand pouvoir sur lui ; d'un autre côté, sa conscience lui reprochait si souvent de n'avoir point tenu la promesse faite à son père, qu'il crut devoir l'apaiser en les prenant quelque temps chez lui. La dépense, d'ailleurs, ne pouvait être considérable ; Elinor était petite mangeuse, et Maria si languissante ! A peine furent-ils rentrés, qu'il en fit la proposition à sa femme, qui en frémit de tout son corps et tâcha de parer le coup. — Je ne demanderais pas mieux, mon cher John ; vous savez combien j'aime tout ce qui tient à vous. Mais dans ce moment-ci, je craindrais d'offenser lady Middleton, chez qui elles passent toutes leurs journées ; il serait peu décent de la priver de leur compagnie. J'en suis fâchée ; car vous voyez combien j'aime à être avec vos sœurs, à les produire dans le monde, à leur prêter ma voiture.....

— Oui, oui, je vous rends justice, chère Fanny ; mais dans cette occasion, je ne sens pas la force de votre objection. Elles ne demeurent point dans la maison de lady Middleton, et sous aucun rapport elle ne peut être fâchée qu'elles viennent passer quelques jours chez leur belle-sœur. Vous voyez que tout le monde pense que cela doit être ainsi.

— Oui, oui, lady Dennison, qui ne sait ce qu'elle dit ! Enfin, mon cher, vous avez toujours raison, et je crois comme vous que cela conviendrait ; mais malheureusement j'ai invité mesdemoiselles Steeles à passer quelque temps avec nous. Ce sont de bonnes filles, très-complaisantes, point gênantes, dont on fait tout ce qu'on veut, et c'est une attention que je leur devais, mon frère Edward ayant été élevé chez leur oncle Pratt, ainsi que je l'ai appris l'autre jour. Nous pouvons avoir vos sœurs quand nous voudrons, soit à Norland, soit un autre hiver à Londres. Peut-être mesdemoiselles Steeles n'y reviendront plus. Enfin je les ai déjà invitées ; et plus elles sont dépendantes et sans fortune, plus on leur doit d'égards. Vous qui avez tant de délicatesse, de générosité, mon cher John, vous sentez cela mieux que personne, j'en suis sûre ; j'ai aussi la certitude qu'elles vous amuseront beaucoup plus que vos sœurs ; elles sont gaies, aimables. Ma mère est passionnée de Lucy, qui est la favorite de notre cher petit Henri.

Que répondre à de tels argumens ? M. Dashwood fut convaincu ; il convint de la nécessité d'avoir les demoiselles Steeles, et sa conscience s'apaisa par le souvenir du beau dîner qu'il avait donné au colonel Brandon, et par l'espoir que l'année suivante Elinor serait madame Brandon, aurait une bonne maison à Londres, et que Maria vivrait avec elle. Fanny, tout-à-la-fois contente d'être échappée au malheur d'avoir ses belles-sœurs, et fière de l'esprit qu'elle y avait mis, écrivit le lendemain matin un billet à Lucy, qu'elle antidata de deux jours, et où elle la priait, ainsi que mademoiselle Anna, de lui faire le plaisir de venir passer quelques jours chez elle, aussitôt que lady Middleton voudrait les lui céder. On comprend combien Lucy fut heureuse. Aller demeurer chez la sœur d'Edward, qui, en l'invitant, semblait travailler pour elle ! On peut cette fois pardonner à Lucy de se livrer à l'espoir. Une occasion journalière de voir Edward, de gagner l'amitié de sa famille, lui parut une chose si essentielle, qu'il ne fallait pas différer. Après avoir fait sentir à sa sœur l'avantage qui pouvait en résulter, elle la fit consentir d'autant plus facilement à quitter les Middleton, que le docteur Donavar était aussi le médecin des Dashwood, et, de plus, lié particulièrement avec John. L'espoir de le voir plus souvent la consola de n'avoir plus à entendre les railleries de sir Georges. Elles se

préparèrent dès le lendemain à aller chez
M. Dashwoood. Lady Middleton en prit son
parti avec l'indifférence qu'elle mettait à tout
ce qui ne la regardait pas directement.

On comprend qu'à peine Elinor fut arrivée,
que Lucy lui montra en triomphe le pressant
billet de Fanny, et pour la première fois elle
partagea l'espérance de Lucy. Une telle preuve
de bonté, une prévenance si marquée avec de
jeunes personnes que Fanny connaissait aussi
peu, elle qui d'ordinaire était si peu obligeante,
témoignaient que l'on avait du moins beaucoup de bonne volonté, de bienveillance, et
avec le temps, l'adresse de Lucy, cela pourrait mener à quelque chose de plus. Comme
Elinor ignorait le projet que son frère avait eu
de les inviter, il ne lui vint pas dans l'idée
que mesdemoiselles Steeles eussent servi de
prétexte à Fanny pour ne pas les recevoir.
Elles y allèrent donc dès le lendemain, et furent reçues de manière à laisser tout croire de
l'effet de cette préférence. Fanny avait fait
sentir à son mari qu'il était très-dangereux
de rapprocher Elinor d'Edward dans un moment où on traitait de son mariage, au lieu
que les petites Steeles, qu'il connaissait à
peine, étaient à tout égard sans danger pour

lui. Quant à elle, elle en faisait deux complaisantes assidues, qui lui arrangeaient ses chiffons, servaient le thé, gouvernaient le feu, ramassaient son mouchoir, amusaient son enfant ; elle trouvait toutes ces attentions serviles très-agréables et très-commodes. Sir Georges, qui les allait voir quelquefois, ne parlait que de l'amitié de madame John Dashwood pour ses petites cousines. Elle était plus enchantée d'elles, et sur-tout de Lucy, qu'elle ne l'avait jamais été de toute autre jeune personne ; elle ne les appelait plus que *sa chère Lucy, sa chère Anna*, leur avait fait présent à chacune d'un petit porte-feuille d'aiguilles, et disait qu'elle ne savait comment elle ferait pour se séparer de ses aimables, de ses chères amies.

## CHAPITRE XXXVIII.

Madame Palmer était si bien au bout de quinze jours, que sa mère ne trouva plus nécessaire de lui donner tout son temps, et se contenta de la visiter une ou deux fois par jour. Elle revint à sa maison, à ses habitudes, à ses jeunes amies, à qui elle racontait avec soin tout ce qu'elle apprenait dans ses courses. La troisième ou quatrième matinée, en revenant de chez sa fille, elle entra dans le salon, où Elinor travaillait seule, avec un air d'importance, comme pour la préparer à entendre quelque chose d'extraordinaire.

— Bon Dieu ! ma chère Elinor, est-ce que vous savez la nouvelle ?

Élinor eut un instant l'idée qu'elle voulait parler du retour de Willoughby, dont elle avait déjà prévenu Maria ; elle le lui dit.

— Mon Dieu non, ma chère, il s'agit bien d'autre chose vraiment ! Qu'est-ce que me font les Willoughby à présent ? Rien, je vous assure ; je les laisse pour ce qu'ils sont. Qu'ils aillent, qu'ils viennent, peu m'importe. Mais ce que je viens d'apprendre, devinez-le, si vous pouvez, en cent, en mille.

— Ce sera plus tôt fait de me le dire, chère dame, répliqua en riant Elinor.

— Allons, je le veux bien; c'est si étrange! écoutez. Quand je suis entrée chez Charlotte, je l'ai trouvée, la pauvre petite mère, fort en peine pour son enfant. Elle croyait qu'il allait mourir, il criait, ne voulait rien prendre; il était couvert de petits boutons rouges. Je l'examinai : Eh mon Dieu! ma chère Charlotte, dis-je aussitôt, calmez-vous, ce n'est que la rougeole; la nourrice dit de même. Mais madame Palmer fut mécontente qu'on n'eût pas envoyé chercher le docteur Donavar. On y alla, et on eut le bonheur de le trouver précisément comme il revenait de chez votre frère. Il vint à la minute, et assura qu'il n'y avait rien à craindre; alors Charlotte a été bien contente. Elinor l'écoutait avec intérêt, mais ne pouvait s'empêcher de sourire de l'importance de cette nouvelle de grand'mère. — M'y voici, dit la bonne Jennings, à ma nouvelle. Comme le docteur sortait, je m'avisai de lui dire en riant : Ah! ah! docteur, je sais fort bien ce qui vous attire si souvent à Harley-street chez M. John Dashwood : vous courtisez Anna Steeles, m'a-t-on dit, et nous deviendrons cousins peut-être. Il rit aussi ; puis reprenant un air grave et mystérieux, il s'approcha de moi et me dit : Ce n'est point du tout pour mademoiselle Anna que je suis allé aujourd'hui chez John Dashwood, c'est pour sa femme qui est très-mal, très-mal, je vous assure.

— Bon Dieu ! s'écria Elinor, Fanny est malade !

— Voilà exactement ce qu'il m'a dit, ma chère, et j'ai crié tout comme vous, quoique je ne l'aime guère ; mais quand on est malade ou mort, tout s'oublie.

— Rassurez-vous, madame, m'a-t-il répondu, et rassurez aussi les jeunes miss Dashwood ; leur belle-sœur n'en mourra pas, puisque la colère ne l'a pas étouffée ; mais elle n'en a pas été loin.

— La colère ! Fanny ! Eh mon Dieu ! contre qui ? dit Elinor.

— J'ai demandé la même chose, et voici ce que j'ai appris. M. Edward Ferrars, le frère aîné de madame Dashwood, ce même jeune homme sur lequel je vous raillais à Barton, vous savez bien, mais à présent je serais bien fâchée que vous lui eussiez donné votre cœur !

(Elinor ne demanda plus rien, elle écouta dans une grande émotion.) Eh bien! cet Edward Ferrars ne vous aimait point, ma chère; il paraît qu'il était engagé depuis long-temps avec ma cousine Lucy. Pas une créature humaine ne s'en est doutée, excepté Anna. Auriez-vous cru cela possible? Quant à leur amour, il n'y a rien là d'extraordinaire : Lucy est gentille; elle est vive, alerte, et précisément de cette espèce de jeunes filles qui plaisent aux garçons timides, parce qu'elles font toutes les avances. Mais que cette amourette soit allée si loin et depuis si long-temps sans que personne l'ait sue ni soupçonnée, c'est cela qui est étrange. Je ne les ai jamais vus ensemble, car je suis bien sûre que j'aurais tout deviné. Mais ce grand secret était si bien gardé, que ni madame Ferrars ni votre belle-sœur ne le soupçonnaient, ni personne au monde. C'était dans la famille à qui caresserait le plus Lucy; Edward y venait fort peu. Voilà que ce matin la pauvre Anna, bonne fille sans malice comme vous savez, a découvert le pot aux roses.

Ils sont tous si passionnés de Lucy, pensait-elle, que je suis sûre qu'il n'y aura pas la moindre difficulté, et que madame Dashwood va sauter de joie. Ce matin donc elle est entrée chez votre belle-sœur, qui était seule dans son cabinet, et ne se doutait guère de ce qu'elle allait apprendre. Il n'y avait pas cinq minutes qu'elle avait dit à son mari que son frère paraissait à présent indifférent pour toutes les femmes, et qu'elle était sûre qu'on l'amènerait bientôt à épouser milady..... le nom m'échappa, et Anna lui annonça comme la plus belle chose du monde qu'il est engagé avec Lucy. Vous pouvez penser quel coup c'était pour son orgueil et sa vanité! Elle s'est mise dans une telle fureur, qu'il lui a pris de violens maux de nerfs, et elle poussait de tels cris, que votre frère, qui était en bas dans sa chambre, les a entendus. Il est accouru; alors une autre scène a commencé. Lucy entra aussi tout effrayée pour donner des secours à sa chère Fanny : jugez comme elle fut reçue! Pauvre petite! je la plains beaucoup; elle n'a pas été traitée doucement, j'en réponds, car votre sœur était comme une furie, et n'a cessé ses injures que lorsqu'un nouvel accès l'a fait évanouir. Anna, à genoux, pleurait amèrement, tout le monde la grondait; sa sœur, au désespoir qu'elle eût trahi son secret, l'a battue, dit-on, avant de sortir de la chambre, et elle n'a pas comme Lucy un amant et un mari pour la consoler : le docteur Donavar ne la reverra guère. Votre frère se promenait, allait du haut en bas sans savoir que dire ni que faire. Dès que Fanny put parler, ce fut pour déclarer qu'elle ne prétendait pas que ces *ingrates Steeles* fussent un instant de plus chez elle. Votre frère fut obligé de supplier qu'on leur laissât au moins le temps de faire leurs paquets. Mais ses accès de maux de nerfs se succédaient d'une manière si effrayante, qu'il prit le parti d'envoyer chercher le docteur Donavar, qui trouva toute la maison en rumeur. Le carrosse était à la porte pour emmener mes pauvres cousines chez leurs parens à Holborn; elles descendaient l'escalier quand il arriva. La pauvre Lucy pouvait à peine marcher, Anna était à moitié folle de douleur. Pour moi, je déclare que je suis furieuse contre votre belle-sœur, et que je désire de tout mon cœur qu'ils se marient en dépit d'elle. Bon Dieu! dans quel état sera le pauvre Edward quand il apprendra cela ! Sa bien-aimée traitée avec ce mépris! On dit qu'il l'aime passionnément, qu'il sera capable de tout, et je le conçois très-bien. M. Donavar pense de même, nous en avons jasé ensemble pendant une demi-heure.

Enfin il m'a quittée pour y retourner ; il avait grande envie d'y être à l'arrivée de madame Ferrars. Madame Dashwood l'a fait prier de venir dès que mes pauvres cousines ont été parties ; elle est sûre que sa mère va aussi tomber en syncope. Ce qu'il y a de certain, c'est que ce ne sera pas moi qui la ferai revenir ; je ne les plains ni l'une ni l'autre. Je n'ai encore vu de ma vie deux femmes faire tant de cas du rang et des richesses. Je ne vois pourquoi Edward Ferrars n'épouserait pas Lucy Steeles. Elle n'est pas fille de lord, cela est vrai ; mais ce n'est pas la femme qui fait le mari ; et n'a-t-on pas souvent vu de pareils mariages? Ma fille Mary n'est-elle pas milady, n'en déplaise à ces belles dames ? Lucy n'a rien ou presque rien, c'est vrai aussi ; mais elle a des charmes et du savoir-faire. Personne n'est plus gentille dans une maison ; cela met la main à tout, et si madame Ferrars leur donne seulement cinq cents pièces par année, elle brillera autant qu'une autre avec mille. Ah ! comme ils seraient bien dans une petite maison comme la vôtre, ni plus ni moins, avec deux filles pour les servir, et un domestique pour le mari ! Que faut-il de plus pour être heureux quand on s'aime ? Et je crois que je pourrais leur procurer une bonne femme-de-chambre, la propre sœur de ma Betty, qui leur conviendrait parfaitement. Ici madame Jennings arrêta son flux de paroles; et comme Elinor avait eu le temps de rassembler ses idées, elle put répondre comme le sujet le demandait. Il n'y avait presque rien de nouveau pour elle ; elle était préparée à cet événement, et ne fut point soupçonnée d'y avoir pris un intérêt particulier; car depuis long-temps madame Jennings avait cessé de la croire attachée à Edward. Heureuse de l'absence de Maria, elle se sentit très-capable de parler de cette affaire sans embarras, et de donner son sentiment avec impartialité.

Elle savait à peine elle-même ce qu'elle désirait, mais elle s'efforçait de rejeter de son esprit toute idée que cela pût finir autrement que par le mariage d'Edward et de Lucy. Elle était inquiète de ce que ferait madame Ferrars pour l'empêcher, et bien plus inquiète encore de la manière dont Edward se conduirait. Il n'était plus lié à Lucy par l'amour, elle en était sûre ; mais il l'était par l'honneur; et quoique l'idée de le perdre fût bien cruelle, elle l'était moins que celle qu'il pût manquer à un tel engagement. Elle sentait beaucoup de compassion pour lui, très-peu pour Lucy, et pas du tout pour les autres.

Comme madame Jennings ne pouvait parler d'aucun autre sujet, il devenait indispensable d'y préparer Maria. Il n'y avait pas de temps à perdre pour la détromper, lui faire connaître l'exacte vérité, et tâcher de l'amener à en entendre parler sans trahir ni son chagrin relativement à sa sœur, ni son ressentiment contre Edward.

La tâche d'Elinor était pénible; elle allait détruire la seule consolation de sa sœur, qui lui disait souvent : Chère Elinor, le meilleur moyen que j'aie pour ne pas m'occuper de Willoughby, c'est de penser à Edward, au bonheur dont vous jouirez ensemble, et de me dire que vous le méritez plus que moi. Et il fallait renverser, anéantir peut-être la bonne opinion qu'elle avait de lui, et par un rapport de situation que son imagination rendrait plus frappant qu'il ne l'était en effet, réveiller en elle le sentiment de ses propres peines. Mais il le fallait; Elinor se hâta de la joindre et de commencer son récit. Elle était loin de vouloir lui dépeindre ses propres sentimens, lui parler de ses souffrances, à moins que l'exemple de l'empire qu'elle prenait sur elle-même depuis qu'elle connaissait l'engagement d'Edward ne pût encourager Maria à l'imiter. Sa narration fut claire, simple; et quoiqu'elle ne pût la faire sans émotion, elle ne fut accompagnée ni d'une agitation violente ni d'un chagrin immodéré. Il n'en fut pas de même de Maria; elle l'écouta avec horreur et fit les hauts cris. Elinor fut obligée de la calmer pour ses propres peines, comme elle l'avait fait pour les siennes. Mais tout ce qu'elle put lui dire ne fit qu'augmenter son indignation, que relever encore à ses yeux le mérite d'Elinor, et conséquemment que rendre plus sensibles les torts de celui qui s'était joué de son bonheur, qui avait pu en aimer une autre qu'elle. Elle n'admettait pas même en sa faveur qu'il n'eût agi que par imprudence, le seul tort que, selon Elinor, on pût lui reprocher.

Mais Maria pendant long-temps ne voulut rien entendre. Edward était un second Willoughby, et bien plus coupable encore. Puisque Elinor convenait de l'avoir aimé sincèrement, elle devait sentir tout ce que Maria avait senti. Quant à Lucy Steeles, elle lui paraissait si peu aimable, si peu faite pour attacher un homme sensible, qu'elle ne voulait pas d'abord croire ni ensuite pardonner l'affection qu'elle avait inspirée à Edward, même en considérant que celui-ci n'avait alors que dix-huit ans; elle ne voulait pas même admettre que ce goût fût naturel chez un homme vivant seul à la campagne avec cette jeune personne. Il semblait, à l'entendre, qu'Edward aurait dû garder son cœur libre de tout sentiment jusqu'au moment où il devait voir Elinor.

Maria avait bien écouté sa sœur tant qu'elle avait ignoré qu'Edward était engagé avec Lucy Steeles; elle ne savait point les détails et n'était pas en état de les entendre. Pendant longtemps, tout ce que put faire Elinor fut de l'adoucir, de calmer son ressentiment. Enfin Maria lui demanda depuis combien de temps elle savait cet odieux événement, et si c'était Edward qui le lui avait écrit.

— Je le sais depuis quatre mois, dit Elinor, et non par lui. Quand Lucy vint à Barton, elle me le confia sous le sceau du secret.

A ces paroles, les yeux de Maria exprimèrent le plus grand étonnement; à peine ses lèvres purent se mouvoir; enfin elle s'écria : Dieu! vous le savez depuis quatre mois, et par celle qui l'emportait sur vous! Ah! chère Elinor, dit-elle en fondant en larmes et se jetant au cou de sa sœur : quoi ! pendant que vous m'avez soignée avec tant de tendresse, de calme, de raison, un chagrin semblable au mien pesait sur votre cœur ! Ah Dieu ! et je vous reprochais d'être heureuse ! ( Elle cacha son visage sur l'épaule de sa sœur, et ses larmes redoublèrent. )

— Chère Maria, ne vous reprochez rien ; vous ne pouviez savoir quels étaient mes tourmens, dit Elinor.

— Quatre mois ! s'écria encore Maria, si calme, si souvent gaie. Oh ! Elinor, qu'est-ce qui vous a soutenue ?

— Le sentiment de mon devoir. Ma promesse à Lucy m'obligeait au secret ; je lui devais donc de ne rien dire, de ne rien faire qui pût trahir la vérité. Je devais à ma famille, à mes amis de ne pas exciter leur sollicitude sur moi, en leur laissant remarquer que j'avais un chagrin caché, que je ne pouvais leur confier ; enfin je me devais à moi-même de ne pas paraître trop humiliée, trop malheureuse aux yeux de ma rivale, et à Edward de ne pas augmenter la peine qu'il aura peut-être à tenir ses promesses.

Maria parut très-frappée. J'ai souvent désiré, continua Elinor, de vous détromper ainsi que ma mère sur vos espérances. Une fois ou deux je l'ai même tenté ; mais sans trahir ma foi, sans pouvoir vous donner une preuve positive, vous ne l'auriez pas voulu croire.

— Quatre mois si tranquille en apparence ! et cependant vous l'aimiez ? dit Maria avec le regard et le ton du doute.

— Oui je l'aime, répondit Elinor avec candeur, avec sentiment ; mais je ne l'aime pas uniquement, et j'étais bien aise d'épargner à ceux qui me sont chers aussi le chagrin de me voir malheureuse. Je travaillais en silence, pendant que cet événement était un secret pour tout le monde, excepté pour moi seule, à le supporter avec courage quand il éclaterait. Ce moment est arrivé, et je vous assure que je puis en parler à présent sans trop d'émotion. Je vous conjure donc, chère Maria, de ne pas souffrir pour moi plus que je ne souffre moi-même. Ne comparez pas votre malheur au mien ; ils n'ont pas plus de rapports que nos caractères. Je perds plus que vous, peut-être, en perdant Edward ; mais j'ai plusieurs motifs de consolation que vous n'aviez pas. Je puis encore estimer Edward, et ne lui reproche aucun tort essentiel ; je désire son bonheur, je l'espère, quoiqu'il n'ait pas choisi la compagne qui lui aurait convenu ; mais il sera soutenu comme moi par le sentiment d'avoir fait ce que sa conscience lui dictait. S'il éprouve d'abord quelques regrets, je le connais assez pour être sûre qu'il en aurait davantage encore s'il était parjure, et ils se calmeront peu à peu. Lucy ne manque ni d'esprit ni de bon sens ; ses défauts tiennent à son manque total d'éducation. Elle aime Edward, je l'espère du moins ; pourrait-elle ne pas l'aimer ? Elle se modèlera sur lui ; elle acquerra les vertus qui lui manquent et qu'il possède à un si haut degré. Il l'a aimée, il l'aimera plus encore lorsqu'elle le méritera, et que les qualités, les vertus de sa femme seront son ouvrage ; il oubliera, j'espère, qu'une autre lui avait paru supérieure.

Il n'a point aimé Lucy, dit vivement Maria ; il ne l'aimera jamais.... ou il n'a jamais aimé Elinor. Bien certainement un cœur tel que celui que vous supposez à Edward ne peut s'attacher à deux objets aussi différens.

— Vous en revenez toujours à votre système de constance éternelle, ma chère Maria. Il prouve non-seulement votre sensibilité, mais aussi, permettez-moi de vous le dire, l'exaltation un peu trop romanesque de votre esprit, qui vous entraîne au-delà de la réalité. Quoi! parce qu'on a eu le malheur d'être trompé dans un premier attachement, on aurait encore celui de ne pouvoir plus s'attacher à personne? et parce qu'un cœur sincère et sensible a été déchiré, rien ne guérira sa blessure, et il doit rester isolé toute la vie? Non, non cela ne peut être, non je ne puis le croire, et...

— Ainsi, interrompit vivement Maria, c'est la sage, la prudente Elinor, qui pense que l'on peut ainsi passer sa vie d'attachement en attachement; car si vous supposez la possibilité d'aimer deux fois, il n'y a plus de bornes; on peut aller à trois, dix, vingt, trente : comment soutenir cette idée?

N'exagérez pas, chère Maria, dit Elinor en souriant, je crois que celui ou celle qui a été trompé une fois ne le sera pas deux. Un second attachement n'aura peut-être pas la vivacité du premier, mais il n'en aura ni la promptitude ni l'illusion; et l'on cherchera à bien connaître la personne avant de s'y attacher ; on n'aime que ce qu'on estime, et alors on peut aimer toujours.

— Cependant, dit Maria, vous avez cru bien connaître Edward?

— Je le crois encore ; Edward ne m'a point

trompée ; s'il était libre, j'ose assurer que je n'aurais jamais aimé que lui ; mais il ne l'est plus, je dois effacer de mon cœur tout autre sentiment que l'estime s'il épouse Lucy, et s'il ne l'épouse pas je dois renoncer même à l'estime.... Mais je ne veux seulement pas le supposer.

— Je crois, dit Maria, que vous n'aurez pas grand'peine à triompher de tous vos sentimens, si la perte de celui que vous aimiez vous touche aussi peu. Votre courage, votre empire sur vous-même sont peut-être moins étonnans.... et votre malheur est alors en effet très-supportable.

— Je vous entends, Maria, vous supposez que je ne suis pas susceptible d'un attachement vif, et que par conséquent je ne puis être malheureuse. Vous vous trompez, j'ai tendrement aimé Edward, et j'ai cru l'être de lui ; j'ai long-temps nourri l'espoir enchanteur d'être sa compagne, et pensé que nous serions heureux. Le coup qui m'a frappée était inattendu, il m'a laissée sans espérance, sans consolation. Pendant quatre mois, j'ai porté seule tout le poids de ma douleur sans avoir la liberté de la soulager en la confiant à une amie, ayant non-seulement mon propre chagrin à supporter, mais aussi le sentiment du vôtre, de celui de ma mère quand vous viendriez à l'apprendre, et n'osant même vous y préparer. J'avais appris mon malheur par la personne même dont les droits, plus anciens que les miens et plus sacrés, puisqu'ils reposaient sur une promesse solennelle, m'ôtaient toute espérance, et j'avais cru voir dans cette confidence un triomphe et des soupçons jaloux qui m'obligeaient à montrer une complète indifférence pour celui qui m'intéressait si vivement. J'étais obligée d'entendre sans cesse le détail de leur amour, de leurs projets; et dans ces cruels détails, pas un mot, pas une circonstance qui pût me consoler de perdre Edward pour jamais en me le montrant moins digne de mon affection. Au contraire, tous les éloges de Lucy, tout ce qu'elle me disait de lui justifiaient mon opinion en augmentant mes regrets. Vous avez vu comme j'ai été traitée ici par sa mère et sa sœur. J'ai souffert la punition d'un amour auquel je devais renoncer, et tout cela dans un moment où j'avais encore à supporter le malheur d'une sœur chérie. Ah! Maria, si vous ne me jugez pas tout-à-fait insensible, vous devez penser que j'ai bien assez souffert. Cette fermeté, ce courage qui vous étonnent sont le fruit de mes constans efforts pendant tout le temps que j'étais forcée de me taire ; si j'avais pu vous ouvrir mon cœur dans les premiers momens, vous m'auriez trouvée peut-être aussi faible que je vous parais forte à présent : ah! je n'aurais pas même alors pu vous cacher à quel point j'étais malheureuse !

Maria fut tout-à-fait convaincue, et ses larmes recommencèrent à couler. Oh! Elinor, s'écria-t-elle, combien je me hais moi-même ! J'ai été barbare envers vous, qui étiez mon seul soutien, qui avez supporté mon désespoir, qui sembliez seulement souffrir pour moi, et je vous accusais d'insensibilité, vous la plus tendre, la meilleure des sœurs ! c'était là ma reconnaissance. Parce que je ne pouvais atteindre à votre mérite, j'essayais de le nier ou du moins de l'affaiblir, de même que je refusais de croire toute l'étendue d'un malheur que vous supportiez avec calme et résignation.

Les plus tendres caresses entre les deux sœurs suivirent cette scène. Dans la disposition actuelle de Maria, Elinor eut peu de peine à obtenir ce qu'elle désirait. Maria s'engagea à ne parler jamais d'Edward ni de Lucy avec amertume ; à ne témoigner à cette dernière ni mépris, ni haine, ni colère, dans le cas où elle la rencontrerait, à voir Edward même avec cordialité si l'occasion s'en présentait. Tout cela était beaucoup pour Maria ; mais, affligée d'avoir injurié sa sœur, il n'était rien qu'elle 'entreprît pour réparer ses torts. Maria tint ses promesses ; elle entendit tous les bavardages de madame Jennings sur ce sujet sans disputer avec elle ou la contredire en rien, et répétant souvent : Oui, madame, vous avez raison. Elle écouta même l'éloge de Lucy sans indignation ; et quand madame Jennings assura qu'Edward l'adorait, elle en fut quitte pour un léger spasme. Elinor fut si enchantée de la victoire que Maria remporta sur elle-même, que ce fut une consolation pour elle. Hélas ! la pauvre Elinor ne se doutait pas combien cet effort était pénible à Maria. Sa santé, qui se soutenait dans une espèce de langueur, succomba tout-à-fait quand le malheur de sa sœur se joignit au sien. Obligée de cacher toutes ses impressions, tous les sentimens violens qui assaillaient-à-la-fois son cœur, il lui semblait quelquefois qu'il allait se briser. Ses nuits étaient sans sommeil, ses jours sans tranquillité ; mais elle eut bien moins de peine à cacher ce qu'elle souffrait au physique, que son indignation sur l'engagement d'Edward ; elle le cacha donc aussi bien qu'il lui fut possible. Elinor, sans cesse auprès d'elle, s'apercevait peu de son changement graduel, de sa pâleur, de sa maigreur, qui frappaient ceux qui la voyaient moins habituellement; mais le nombre en était petit. Elle recommença à ne pas sortir de chez elle : la crainte de rencontrer M. ou madame Willoughby fut son prétexte auprès d'Elinor, qui comprenait trop bien ce motif pour la presser, et qui, n'ayant elle-même aucune envie de se trouver avec eux ou avec Edward, resta aussi plus souvent à la maison.

Le lendemain de son entretien avec Elinor, elle eut une autre épreuve à soutenir : ce fut une visite de son frère, qui vint tout exprès pour parler de la terrible affaire, et apporter à ses sœurs des nouvelles de sa femme.

FIN DU TOME SECOND.

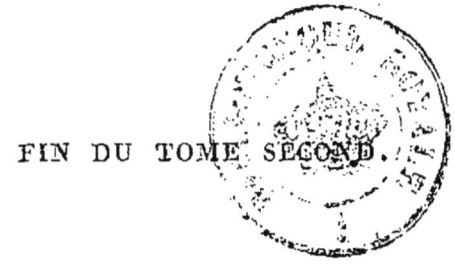

Imprimerie de M<sup>me</sup>. Huzard ( née Vallat la Chapelle ), rue de l'Eperon, n°. 7.

# OEUVRES DE M<sup>me</sup>. DE MONTOLIEU.

## OUVRAGES PARUS.

---

ROBINSON SUISSE, 5 vol. in-12, figures et carte, 15 fr.

SAINT-CLAIR-DES-ILES, ou les Exilés à l'île de Barra; 3 vol. in-12, figures, 9 fr.

TABLEAUX DE FAMILLE, traduits d'Auguste Lafontaine; 1 vol. in-12, figure, 3 fr.

PRINCESSE DE WOLFENBUTTEL, traduite de l'allemand; 1 vol. in-12, figure, 3 fr.

CAROLINE DE LICHTFIELD; 2 vol. in-12, avec figures et musique, 6 fr.

CORISANDE DE BEAUVILLIERS; 1 vol., figure, 3 fr.

UN AN ET UN JOUR; 2 vol., figures, 6 fr.

LUDOVICO, ou le Fils d'un homme de génie; 1 vol. in-12, figure, 3 fr.

LA FAMILLE ELLIOT, ou l'Ancienne Inclination, traduite de l'anglais; 2 vol., figures, 6 fr.

ON DINE, conte suivi de VINGT ET UN ANS, ou le Prisonnier, traduit de l'allemand; 1 vol. in-12, fig., 3 fr.

NOUVEAUX TABLEAUX DE FAMILLE, traduits d'Auguste Lafontaine; 3 vol. in-12, fig., 9 fr.

OLIVIER, traduit de l'allemand; 1 vol. in-12, fig., 3 fr.

DUDLEY ET CLAUDY, ou l'île de Ténériffe; traduits de l'anglais, de M<sup>me</sup>. Okeeffe; 5 vol. in-12, fig., 15 fr.

CHATEAUX SUISSES, augmentés de deux nouveaux Châteaux; 3 vol. in-12, fig., 9 fr.

LA TANTE ET LA NIÈCE, traduites de l'allemand; 3 vol. in-12, figures, 9 fr.

SIÉGE DE VIENNE, roman historique; traduit de madame Pichler; 3 vol. in-12, figures, 9 fr.

AGATHOCLÈS, ou Lettres écrites de Rome et de Grèce, traduit de madame Pichler; 3 vol. in-12, fig., 9 fr.

*Le Prospectus se distribue.*

www.ingramcontent.com/pod-product-compliance
Lightning Source LLC
Chambersburg PA
CBHW070631170426
43200CB00010B/1976